FRANK TEICHMANN

DIE KULTUR DER EMPFINDUNGSSEELE

FRANK TEICHMANN

DIE KULTUR DER EMPFINDUNGSSEELE

Ägypten – Texte und Bilder

Ein Beitrag zur historischen Menschenkunde

EDITION HARDENBERG
IM
VERLAG FREIES GEISTESLEBEN

BEITRÄGE ZUR BEWUSSTSEINSGESCHICHTE
HERAUSGEGEBEN FÜR DAS
FRIEDRICH-VON-HARDENBERG-INSTITUT
VON KARL-MARTIN DIETZ

CIP-Titelaufnahme der Deutschen Bibliothek

Teichmann, Frank:
Die Kultur der Empfindungsseele:
Ägypten – Texte und Bilder; ein Beitrag zur
historischen Menschenkunde / Frank Teichmann. –
Stuttgart: Edition Hardenberg im
Verlag Freies Geistesleben, 1990
(Beiträge zur Bewußtseinsgeschichte; 8)

ISBN 3-7725-1092-2

NE:GT

Schutzumschlag: Walter Schneider, unter Verwendung
einer Zeichnung von N. Davies, aus dem Grab des Rechmire.
Frontispiz: Hatschepsut zwischen Thot und Horus.
Aufnahme 31 von A. Brack, alle anderen Fotografien
stammen vom Verfasser.

Druck: Offizin Chr. Scheufele, Stuttgart

Im Gedenken an Maria Burges

INHALT

VORWORT DES HERAUSGEBERS

Als Frucht seiner Forschungen legt Frank Teichmann hier ein Buch ganz eigener Prägung vor, das die Verbindung von zwei Anliegen ermöglicht, die gemeinhin getrennt aufzutreten pflegen: die Menschenkunde und die Geistesgeschichte. Zum einen liefert das Buch anschauliches Material, das es ermöglicht, den Begriff der «Empfindungsseele», wie er in der Anthropologie Rudolf Steiners geschaffen wurde, mit Inhalt zu füllen. Was jeder Mensch in einem bestimmten Lebensalter an Entwicklungsschritten durchmacht, ist in der ägyptischen Kultur vor den Augen des Betrachters ausgebreitet und wie von außen wahrnehmbar. Der Blick in diese Kultur wird zu einem Akt der Selbsterkenntnis. Zum anderen kann man dieses Buch lesen als ein Quellenlesebuch zur Einführung in die Geistesgeschichte Ägyptens. Dann erhält man gleichzeitig die notwendigen Erklärungen in genügender Ausführlichkeit. Teichmanns Unterscheidung zwischen dem Bewußtsein des Pharao und dem des Volkes löst Probleme, die in der ägyptologischen Wissenschaft bisher nicht geklärt werden konnten. Man wird selten ein Werk finden, in dem diese Themen in so spannender Weise behandelt sind wie hier.

Nachdem seit einigen Jahren das Interesse an den alten Kulturen wieder zugenommen hat, sieht sich der Leser der entsprechenden Publikationen einigen Widerständen ausgesetzt. Entweder ein Buch ist spannend-journalistisch geschrieben – dann mangelt es oftmals an einem wirklichen Verständnis des Dargestellten. In mehr wissenschaftlich orientierten Publikationen hingegen wird der nicht sachkundige Leser häufig mit einem Berg von Material konfrontiert, der den Versuch einer Überschau schwierig macht. Der von Teichmann gewählte methodische Ansatz ermöglicht es dagegen, durch das reichhaltig eingefügte Quellenmaterial unter fachkundiger Anleitung selbst Entdeckungen zu machen – Entdeckungen in einer fernen Kultur, aber auch Entdeckungen im eigenen Seelenleben, bis hin zum «Ägypter in uns selbst».

Schließlich sei der Freude Ausdruck gegeben, daß Frank Teichmann diese und die beiden folgenden Bände über die «Verstandesseele» und die «Bewußtseinsseele» für die Reihe «Beiträge zur Bewußtseinsgeschichte» des Hardenberg Instituts konzipiert hat. Frank Teichmann verbindet eine langjährige Zusammenarbeit mit den Mitarbeitern des Instituts, die sich auf verschiedene Weise niederschlägt. Zum einen durch regelmäßige wechselseitige Vorträge und Kurse im Anthroposophischen Studienseminar in Stuttgart und im Hardenberg Institut Heidelberg, durch gemeinsame Arbeitskreise und durch seinen Beitrag «Die Trichotomiefrage in der Schule von Chartres» in dem vom Institut herausgegebenen Beiheft der Zeitschrift «Die Drei» vom November 1989.

Heidelberg, im Juli 1990 *Karl-Martin Dietz*

VORWORT

Wenn in einer Reihe, die den Titel trägt «Beiträge zur Bewußtseinsgeschichte», ein Band über das Bewußtsein der alten Ägypter erscheint, dann ist damit schon vorausgesetzt, daß sich das Bewußtsein im Rahmen der uns überschaubaren Geschichte entwickelt hat. Diese Voraussetzung ist nicht selbstverständlich. Noch jüngst (1980) wurde im «Lexikon der Ägyptologie» (Bd. III, Sp. 376) unter dem Stichwort «kausales Denken» formuliert: «Abschließend kann man urteilen, daß die Vorstellungskomplexe um das kausale und mythische Denken erstaunliche wissenschaftsgeschichtliche Abwege dokumentieren, die manchen Zugang zum Denken der Ägypter verbaut haben; alles in allem bescheidener hat Lévi-Strauss das Denken der Naturvölker – eben auch der frühen Völker – charakterisiert, und damit erstmalig so adäquat, daß sich neue Zugänge eröffnen: ‹Anstatt also Magie und Wissenschaft als Gegensätze zu behandeln, wäre es besser, sie parallel zu setzen, als zwei Arten der Erkenntnis, die zwar hinsichtlich ihrer theoretischen und praktischen Ergebnisse ungleich sind, ... nicht aber bezüglich der Art der geistigen Prozesse, die die Voraussetzung beider sind.› Nicht durch die Denkvorgänge unterscheiden sich europäische Wissenschaftler und außereuropäische / antike Mythologen, sondern dadurch, daß jener sich wie ein Ingenieur die Werkzeuge der Welterklärung jeweils eigens herstellt, dieser aber wie ein Bastler immer wieder auf seine Werkzeugkiste zurückgreift. ... Fazit: Da sich schon die im Begriff ‹kausales Denken› angeschnittene Frage als irrtümlich gestellt erweist, werden die als widersprüchlich angesehenen Aussagen ägyptischer

Mythologie an die historische Forschung zurückverwiesen.» Das heißt also: Bewußtsein und Seelenlage eines Ägypters wären identisch mit unserer heutigen Verfassung, nur die Inhalte seien andere. Damals hätte man sich beispielsweise über Tempel und Götter unterhalten, heute dagegen über Autos, Urlaubsziele und Algenplage.

Obwohl diese Ansicht weit verbreitet ist, besonders dort, wo der Marxismus prägend gewirkt hat, so ist sie doch für einen denkenden Menschen unseres Zeitalters, in dem sich der Evolutionsgedanke in vielen Bereichen durchgesetzt hat, gänzlich unannehmbar. Alles in der Welt entwickelt sich: das Weltall, die Erde, Pflanzen, Tiere und Menschen, die Philosophie und die Wissenschaften – und ausgerechnet das Bewußtsein, in dem der Evolutionsgedanke auftritt, sollte allein davon ausgenommen sein? Schon ein Blick in die Welt des aufwachsenden Kindes zeigt, wenn nur sorgfältig genug beobachtet wird, ein sich wandelndes Bewußtsein; um wieviel deutlicher wird dann der Unterschied erst sein, wenn jahrtausendelange Entwicklungen verglichen werden.

Ein solcher Versuch, wie er hier vorgelegt wird, ist erst heute möglich. Er beruht auf der Arbeit der Ägyptologen, die in den letzten Dezennien ständig Neues zutage förderten. Dabei denke ich nicht nur an die Sammlung und Erschließung der Texte, sondern auch an zahlreiche erhellende Kommentare und Darstellungen. Was ich Hellmut Brunner, Erik Hornung und Jan Assmann im einzelnen verdanke, das wird dem Kundigen nicht entgehen. Man bedenke nur, wieviel diese Forscher etwa speziell zur Klärung des Begriffs «Maat» beigetragen haben und wie wesentlich dies zu einem neuen Verständnis der altägyptischen Kultur beitrug. Eine sich entwickelnde Wissenschaft wie die Ägyptologie wird in ihren Ergebnissen stark von den zeitgebundenen Vorstellungen ihrer Vertreter geprägt, deren Meinungen hängen voneinander ab und bilden sich um in der geistigen Auseinandsetzung. Trotz dieser Tatsache sind ihre Ergebnisse nicht nur vorübergehende Durchgangsstadien. Jeder Zusammenhang, der erarbeitet worden ist, läßt eine Spur zurück, durch die man selbst, und jetzt schon auf gebahnten Wegen, in die neuen Erkenntnisse eindringen kann. Dergleichen Beobachtungen relativieren die eigene Arbeit. Denn was wäre davon übriggeblieben ohne diesen Kontext! Wenn das berücksichtigt wird, dann kann auch die Aussage dieses Buches nicht mißverstanden werden. Sie beruht auf der Feststellung, daß sich das Bewußtsein des Pharaos von dem des gewöhnlichen Ägypters grundlegend unterscheidet. Da diese Unterscheidung bisher, soweit ich sehe, noch nirgends vollzogen worden ist, weiß man nicht so recht, wie man über die Ägypter denken soll. Einerseits konnten sie ungeheuer großartige Bauten errichten, was nur mit einem auch technisch begabten, umfassenden Bewußtsein zu leisten ist, und andererseits blieben sie den herkömmlichen Überlieferungen verhaftet, ohne sie je ändern zu wollen. Aus diesem Dilemma findet man nur dann heraus, wenn man den Blick für seelische Phänomene geschärft hat. Das verdanke ich dem Studium der Anthroposophie Rudolf Steiners, dessen Buch «Theosophie» dafür die Grundlage legt. Im ersten Kapitel dieses Buches werden die Phänomene zum «Wesen des Menschen» zusammengetragen, die den verschiedenen Seelentätigkeiten zugrundeliegen. Rudolf Steiner nennt sie ‹Empfindungsseele›, ‹Verstandesseele›, ‹Bewußtseinsseele›. Auf den Namen kommt es dabei nicht an. Kennt man die Phänomene, dann könnte man sie auch anders nennen. Da diese Namen jedoch z.T. schon eingebürgert sind (die «Theosophie» ist immerhin in einer Auflage von einigen hunderttausend Exemplaren erschienen), möchte ich sie hier auch benutzen. Es wird sich herausstellen, daß das ägyptische Volk ganz in der Empfindungsseele lebt, während den Pharao ein denkendes Bewußtsein auszeichnet, ohne daß Übergänge zum nichtdenkenden Bewußtsein des Volkes zu beobachten wären! Allerdings ändert sich diese Situation ganz allmählich im Laufe der ägyptischen Geschichte, so daß in der Spätzeit, die schon der griechischen Entwicklung parallel läuft, eigentlich andere Zustände herrschen. Was hier als prinzipieller Unterschied formuliert wird, gilt für das dritte und zweite vorchristliche Jahrtausend bis zur Zeit des Echnaton. Diese Grenze ist für das Bewußtsein der Pharaonen entscheidend. Was danach kommt, müßte differenzierter angeschaut werden.

Das Buch ist, obwohl es aus der Anthroposophie erwachsen ist, nicht nur für Anthroposophen geschrieben worden. Es möchte die Phänomene sprechen lassen und Inhalte aus der Anthroposophie nur an einer Stelle zu Wort kommen lassen, nämlich da, wo die Inhalte der Mysterien zum Verständnis notwendig sind. Man könnte selbstverständlich auf eine solche Erklärung verzichten, aber dann müßte man beim Aufzeigen des Problems stehenbleiben. Wenn Walter Burkert in seinem Werk über antike Mysterien (München 1990) feststellt: «In der Innenansicht des Initianten verändert sich allerdings sein Status gegenüber einer Gottheit, indem er in einen inneren Kreis der Vertrauten eintritt. In der Außensicht des skeptischen Betrachters ist ein Wandel nicht der sozialen Stellung, sondern der Persönlichkeitsstruktur zu konstatieren, die von einer besonderen Erfahrung im Bereich des Heiligen herrührt», so erhebt sich sofort die Frage, wie denn diese Verwandlung in der Persönlichkeitsstruktur vonstatten ging. Ein Gleiches gilt nämlich auch für den ägyptischen König, und ohne die zugehörigen Mysterien ist meines Erachtens die Umwandlung der Persönlichkeit nicht zu verstehen.

Allerdings ist hier nicht der Ort, auf die Inhalte der Mysterien im einzelnen einzugehen, das soll einer späteren Behandlung vorbehalten bleiben. Hier soll nur auf die verwandelnde Kraft derselben geschaut werden und darauf, was man sich unter dem Vorgang der Einweihung selbst vorzustellen hat.

Wie sehr das Thema der Bewußtseinsentwicklung an der Zeit ist, wird durch das eben erschienene Werk von Emma Brunner-Traut «Frühformen des Erkennens» deutlich. Obwohl es ähnliche Zielsetzungen verfolgt, konnte es in das fast abgeschlossene Manuskript nicht mehr eingearbeitet werden. Auch das für dieses Jahr angekündigte Werk von Jan Assmann über die «Maat» wird sicherlich viele Berührungspunkte mit unserer Arbeit aufweisen.

Die hier vorliegende Studie entnimmt zwar die Phänomene ganz der Kultur Altägyptens und soll auch zum besseren Verständnis des Ägypters beitragen, aber sie ist nicht nur aus historischen Gründen verfaßt worden. Denn diejenigen Seelenfähigkeiten, die damals ausgebildet wurden, sind auch in uns als Grundschicht unseres heutigen Seelenlebens zu finden. Wenn wir also den Blick in längstvergangene Zeiten zurückwenden, so tun wir das nicht nur deshalb, um einen Beitrag zur historischen Menschenkunde zu geben, sondern um etwas über uns selbst zu erfahren. Vielleicht sogar reiner und deutlicher, als wenn wir den bloßen Begriff der Empfindungsseele zu definieren und mit Beispielen zu kommentieren versuchten.

Zum Schluß bleibt mir noch, dem «Friedrich von Hardenberg Institut für Kulturwissenschaften» in Heidelberg zu danken, daß es dieses Buch angeregt und in seine Reihe «Beiträge zur Bewußtseinsgeschichte» aufgenommen hat. Ohne diese Anregung wäre es nicht so rasch zustande gekommen. Herrn Dietrich Rapp und meiner Frau möchte ich Dank sagen für das Lesen des Manuskripts, was zu zahlreichen Verbesserungen des Textes geführt hat. Außerdem soll auch an dieser Stelle die selbstlose Hilfe meiner Frau nicht vergessen werden, die mich in den turbulenten Zeiten der «schöpferischen Phase» von so manchen Alltagsaufgaben entlastet hat. Schließlich sei auch den Herren des Verlages gedankt, die in bewährter Weise viel zur schnellen Verwirklichung beitrugen.

Stuttgart, im Juli 1990 *Frank Teichmann*

I

DIE ÄGYPTISCHEN DENKMÄLER UND DAS ÄGYPTISCHE BEWUSSTSEIN

Uralte, längst verschollene Zeiten dämmern auf, wenn dem heutigen Menschen Zeugen der alten ägyptischen Kultur begegnen und er sie zu verstehen versucht. Es sind Zeiten, die ihm fremd sind. Er kennt nicht die Könige, die sie regierten, und nicht die Menschen, die in diesen Zeiten lebten. Er kennt nicht die Sprache, die sie miteinander sprachen, und nicht die Kulte, die sie den Göttern feierten. Alles, was Ägypten hervorbrachte, ist ihm nur aus Denkmälern bekannt: aus Bauten, deren großartig erhabene Ruinen ihn noch erstaunen; aus Bildern, deren Vielfalt ihn überwältigt, aus Schriften, deren Inhalte er gerade erst lesen kann. Alles Leben von damals ist erstorben, ist geronnen in zeitlose Formen, und wer sich ihnen nähern will, muß eindringen in den ungeheuren Schatz vergangener Lebensspuren.

Durch den immensen Fleiß der Ägyptologen ist in den letzten 150 Jahren schon Vieles von jenen Ideen gefunden worden, die einstmals die Kultur gestalteten. Aber trotz der klarer werdenden Konturen dieses vergangenen Lebens wird doch auch immer wieder deutlich, wie fern und unzugänglich dieses frühe Streben dem heutigen Bewußtsein ist. Dem tiefen Eindruck der Denkmäler, dem sich auch der moderne Mensch nicht entziehen kann, stehen Erklärungsmodelle gegenüber, die den wirklichen Erlebnissen nicht entsprechen. Fremd und unverständlich stehen wir, um nur ein Beispiel zu nennen, vor den frühen Gott-Königen, wie vor Menschen einer anderen Welt. Und doch suchen wir immer von neuem eine Brücke zu jenen geistigeren Zeiten, weil wir ahnen, daß damals noch lebte, was gerade unserer Kultur fehlt und was wir so dringend nötig hätten.

Was uns in Ägypten in großer Fülle begegnet wie sonst in keiner anderen alten Kultur, das sind Bilder: Bilder an den Wänden der Tempel und Gräber, auf Särgen und Papyrusrollen, Bilder als Schrift, Bilder auf Möbeln und Waffen; überall, auf allen ‹Dingen› erscheinen sie uns. Viele dieser Bilder sind unverständlich, zumal einem modernen Bewußtsein. Man mußte sie ‹kennen› um zu wissen, was sie bedeuten. Diese Kenntnis ist in wichtigen Teilen verloren gegangen und noch längst nicht wiedergewonnen. Zwar gibt es Stufen für das Lesen der Bilder, auch schon für die Ägypter – leicht zu fassen sind die Darstellungen aus dem Alltagsleben; schon schwerer ist das Verstehen der Schrift, denn deren Zeichen müssen gelernt werden, weil sie nur selten das bedeuten, was ihre Bilder zeigen –, aber was die geheimnisvollen ‹Vignetten› der Totenbücher und Königsgräber wirklich bedeuten, das scheinen die Wissenden in die Bilder selbst verschlossen zu haben, und nur derjenige, der schon den Inhalt kennt, kann sie auch lesen. So heißt es am Ende des verbreitetsten Buches aus den Königsgräbern (Amduat, Schlußtitel):[1]

«Der erlesene Leitfaden, die geheimnisvolle Schrift der Unterwelt,
die nicht gekannt wird von irgendeinem Menschen außer dem
Erlesenen …
Wer diese geheimnisvollen Bilder kennt, ist ein wohlversorgter
Geist (Ach).»

Solche Anmerkungen zeugen von einem Wissen, das nur die Könige und vielleicht noch eine kleine Gruppe von Weisen besaßen, das aber nicht für ‹irgendeinen› Menschen, der nicht zu den ‹Erlesenen› gehörte, zugänglich sein konnte.[2] Ägypten galt seit jeher als ein Hort der Weisheit. Dort wurden, so vermuteten die Griechen des Altertums, ungeheure Weisheitsschätze in den Archiven bewahrt, und wer sie heben wollte, der mußte nach Ägypten reisen. Pythagoras, Solon, Platon und viele andere der Alten

Welt kamen mit solchen Absichten in dieses Land und nahmen auf, was sie verstehen konnten. Allerdings bestand auch schon damals eine Kluft zwischen den ägyptischen Weisen und den antiken Weisheitssuchern. Platon, der sie wohl selbst deutlich genug erlebt hat, berichtet davon in seinem Timaios, wo er Solons Erlebnisse erzählt. Da heißt es [3]:

«Als Solon sich aber einmal bei den Priestern, die am besten davon Kenntnis hatten, über die Altertümer erkundigte, da sei es ihm beinahe so vorgekommen, als ob er selbst und auch jeder andere Grieche sozusagen gar nichts von diesen Dingen wüßte.»

Nachdem Solon seine eigentliche Frage nach der alten Atlantis gestellt und um den Priester anzuregen, sein eigenes Wissen darüber kundgetan hatte, bekam er als erstes die Antwort:

«Ihr seid alle jung in eurer Seele, ... denn ihr habt in ihr keine urtümliche Meinung, die aus alter Überlieferung stammt, noch irgendein altersgraues Wissen.»

Zwei Welten treffen hier zusammen, und beide waren sich dessen bewußt: der junge, kindliche Grieche, der noch wenige Kenntnisse hat, sie aber sucht, und der weise Ägypter, dessen altersgraues Wissen seit unvordenklichen Zeiten tradiert worden ist und auch in schriftlicher Form in den Tempeln gepflegt und bewahrt wird. Was sich hier zeigt, ist nicht nur ein Unterschied zweier Menschen, die noch nicht die gleichen Inhalte kennen und die dann, wenn sie diese wüßten, zu einer ähnlichen Stimmungslage kämen. Nein, hier handelt es sich um zwei grundverschiedene Bewußtseinsformen. Der Ägypter empfand sicher auch nach der Begegnung die ganze Last der ihm anvertrauten Kenntnisse und die dazugehörende Tradition geheiligter Überlieferung. Durch Jahrtausende hatte sich diese Weisheit bewährt, sie war das Wesentliche, er selbst war nur Glied einer endlosen Kette von Menschen, die diesen Schatz zu pflegen hatten. Der Grieche dagegen wollte selbst erforschen, was ihn interessierte, er wollte sein Wissen erweitern, nicht aber eine ‹geheiligte Überlieferung› ungeprüft übernehmen und sich zu deren Diener machen. Beide Länder sind so von grundverschiedenen Stimmungen geprägt worden, die alle Zweige der Kultur durchzogen und die ihr Angehörenden entsprechend gebildet haben.

Wenn schon die alten Griechen ihre Kultur von der ägyptischen so verschieden erlebten, wieviel weiter von ihr entfernt muß dann erst die unsrige sein! Ich glaube kaum, daß wir uns leicht in ältere Zeiten versetzen können, ohne unser gegenwärtiges Bewußtsein grundlegend umgestaltet zu haben. Die Römer mit ihrer alles banalisierenden Genialität sind uns vielleicht noch am nächsten, obwohl auch da große Gebiete des Seelenlebens existieren, zu denen wir keinen leichten Zugang finden. Bei den Griechen dagegen kommt unser Einlebevermögen vollends zum Erliegen. Denn wer kann die Musen, die Hesiod so lebendig am Helikon erfuhr, noch wirklich als echte Wesen – und nicht als dichterisches Phantasieprodukt – ernstnehmen? Wer versteht noch den Gottesfrieden, der sportlicher Wettspiele wegen Kriege unterbrach; wer verlangt noch nach Einweihung in die Mysterien?

Den Charakter einer Kultur erforschen heißt aber auch, sich hineindenken und hineinempfinden können in die ganze Art und Stimmungslage einer Kultur. Dazu gehört nicht nur die unbefangene Kenntnis und Anerkenntnis der äußeren Kulturleistungen, sondern viel entscheidender ist das Einleben in die damalige Bewußtseinsform. Und diese ist nicht mit der unsrigen identisch. Selbstverständlich sollte davon ausgegangen werden, daß sich die Menschen in ihren kulturellen Formen den ihnen gemäßen Ausdruck ihres Erlebens schaffen. Und wenn dieser mit unseren Maßstäben beurteilt würde, würden wir für ein Verständnis der alten Kulturen nichts erreichen können. Um nur ein Beispiel für eine solche Wertung zu geben, seien hier einige Stellen aus Adolf Ermans «Die Religion der Ägypter» von 1934 genannt. Der sonst so verdienstvolle Gelehrte hat mit diesem Werk ein Gebiet bearbeitet, das ihm zutiefst verschlossen blieb. Denn wie sonst sollte man einen solchen Satz verstehen, den er an jener Stelle eingefügt hat, wo es um den ‹Glauben› an verschiedene Wesensglieder des Menschen ging: «Und wer nun erst sich das Verhältnis klarmachen will, in dem Leib und Seele und Ka zueinander stehen, ... der gerät diesen späteren Texten gegenüber in eine noch größere Verlegenheit, als er sie schon bei den alten erduldet, und mag sich wundern, wie ein intelligentes Volk Jahrhundert auf Jahrhundert diesen Wirrwarr ertragen hat. Aber es handelt sich ja um übersinnliche Dinge und bei denen darf kein Volk es allzu genau nehmen.»[4] Um einen solchen Satz so formulieren zu können, wird stillschweigend die Voraussetzung gemacht, daß das Volk der Ägypter genauso ‹intelligent› gewesen sei wie das, dem auch der Autor angehört. Da er aber doch noch ein Bewußtsein davon hat, daß die Kenntnis der übersinnlichen Welt nicht seine Stärke ausmacht, gesteht er den frühen Schriftgelehrten zu, sich selbst eine Meinung zu bilden: «So wollen wir denn auch den Ägyptern der historischen Zeit das Recht lassen, die alten Ausdrücke für das Übersinnliche und Unbegreifliche noch weiter zu verwenden, unbekümmert um deren genaue Bedeutung. Könnten wir heute einen Ägypter über diese scheinbaren Widersprüche befragen, so würde er uns gewiß zur Antwort geben, daß derartiges überhaupt kaum einen Widerspruch enthalte, oder auch: daß man gut tue, so Heiliges und Unerforschliches nicht genau zu besehen. Denn gerade in diesem Nebelhaften und Verschwommenen liegt ja ein besonderer Reiz dieser Dinge für den Menschen, und erst eine tote und gelehrte Theologie kann auf den Gedanken kommen, philisterhaft eine Geographie des Jenseits zu entwerfen. Daß dem ägyptischen Volk auch dieses Stadium nicht erspart geblieben ist, zeigen die wunderlichen Bücher, die dem Toten seinen Weg weisen, und die ihn mit all den Wesen bekannt machen, die er in der Unterwelt antreffen kann.»[5]

Was uns an diesen Bemerkungen so sehr stört, ist nicht die unreflektierte Überheblichkeit gegenüber Dingen, die man nicht versteht, sondern der im Ganzen lebende Grundgedanke, die Ägypter empfänden und antworteten wie ein Zeitgenosse, der sich auf demselben Niveau befindet wie der Schreiber. Erman verwechselt sich immer wieder mit einem solchen Phantom-Ägypter und urteilt, als ob er ein solcher wäre, denn er denkt, daß das, was er nicht verstehen kann, selbstverständlich auch ein Ägypter nicht hätte verstehen können: «Und doch hat der Mann, der dieses schöne Buch auf Grund ähnlicher, älterer verfaßt hat, sich gewiß bei alledem etwas gedacht und hat seine Freude an all den Anspielungen gehabt, die in diese Bilder hineingeheimnißt waren. Wir brauchen aber unsere Unkenntnis nicht zu bedauern, denn was uns hier unverständlich bleibt, das gibt weder volkstümliche Vorstellungen wieder, noch enthält es tiefsinnige Spekulationen. Es sind die Hirngespinste einzelner Leute, und der ihnen die Gestalt gegeben hat, in der sie uns heute vorliegen, war nichts besseres als ein Verfertiger von Zauberbüchern.»[6]

Glücklicherweise haben die Ägyptologen der letzten 50 Jahre gelernt, die Ägypter ernst zu nehmen und eher sich selbst zuzugestehen, daß sie einen Text noch nicht verstanden haben, als daß er dem Ägypter hätte unverständlich sein müssen. Und das mit schönem Erfolg. Dennoch bleibt die Kluft zwischen uns und den Ägyptern bestehen. So beobachtet z.B. Eberhard Otto sehr genau: «Was dem Ägypter offenbar generell ermangelte, war die wissenschaftliche Neugier, das Bedürfnis Neuland zu entdecken, der Trieb vom Erkannten zum Unerkannten weiterzuschreiten, kurz das, was dann wohl erst die griechisch-jonische Wissenschaft in Fluß gebracht hat. Der Ägypter begnügte sich offenbar, wenn er eine Lösung gefunden hatte, die seine praktischen Zwecke erfüllte, und er hielt dann mit beachtlicher Hartnäckigkeit an ihr fest. Es genügte offenbar, für ihre Teilerscheinungen praktische Erklärungen zu finden; doch sollte man ihm deshalb nicht die intellektuellen Voraussetzungen für wissenschaftliches und logisches Denken generell absprechen.»[7] Nachdem E. Otto noch weitere Beobachtungen anfügt, schließt er den ganzen Gedankengang dann doch überraschend folgendermaßen ab: «Diese Verschiedenwertigkeit der Elemente, mit denen er (der Ägypter) die Welt darstellt und zu verstehen sucht, macht uns das Verstehen seines Denkens schwer. Auf keinen Fall aber scheint es mir erlaubt zu sein, ihm – auch nicht in seiner geschichtlichen Frühzeit – generell eine Denkform zuzuschreiben, die von der unseren als ganz anders unterschieden wäre.»

Was liegt hier vor? Auf der einen Seite wird beobachtet, daß der Ägypter eigentlich die Fähigkeiten, die wir mit ‹Denken› bezeichnen und die erst die Griechen entwickelt hätten, noch nicht beherrscht, auf der anderen Seite wird aber genauso beobachtet, daß solche Fähigkeiten doch schon irgendwie vorhanden gewesen sein müssen, denn wie sonst sollte man sich den Bau der Pyramiden oder andere sinnvolle Kulturtaten vorstellen können? Die hochentwickelte Kultur und Technik der Ägypter hat ganz naturgemäß immer wieder den Blick auf hohe Bewußtseinsleistungen gelenkt. Und weil wir heute dafür einen ‹Sinn› haben, stellen wir uns das Bewußtsein der Menschen, die solche Großleistungen geschaffen haben, ähnlich vor wie das eines modernen Technikers oder Ingenieurs. Daß jedoch die ägyptische Kultur auch aus ganz anderen Bewußtseinsquellen hervorströmend gedacht werden kann, soll die weitere Untersuchung darlegen. Vor allem aber ist darauf hinzuweisen, daß keineswegs die gesamte Bevölkerung auf gleicher, einheitlicher Stufe stand. Der Unterschied zwischen den Fähigkeiten einzelner Menschen ist zwar in allen Kulturen vorhanden, auch in der unsrigen, aber um was es hier geht, ist nicht nur ein solcher gradueller Unterschied, der durch Fleiß, Anstrengung und systematisches Üben ausgeglichen werden könnte, sondern ein ganz prinzipieller. In vielen der neueren Untersuchungen wird mit Recht auf die große Diskrepanz aufmerksam gemacht, die zwischen den Kulturtaten des Königs und denen der übrigen Bevölkerung besteht. Das zeigt sich z.B. an der völlig verschiedenen Anlage der Gräber und ihrer gänzlich andersartigen Dekoration, oder an dem grundverschiedenen Aufbau der ‹Biographien› und ihrer Darstellungen, oder an dem gegensätzlichen Verhalten den Göttern gegenüber, kurz: an allen Taten der Pharaonen. Dies hängt natürlich mit ihrer herausragenden ‹Rolle› zusammen, aber zu dieser Rolle gehört auch – und das wird meistens vergessen – ein andersartiges Bewußtsein, als es die ‹normale› Bevölkerung hat. Der ‹Erlesene›, der die Bilder und heiligen Texte aus den Königsgräbern verstehen kann, lebt in einem anderen Bewußtsein als dem des Alltags. Das Ineinswerfen und die Verwechslung dieser beiden Bereiche führt zu den Konfusionen, die oben charakterisiert worden sind.

Um Klarheit zu schaffen, soll hier von diesem Unterschied ausgegangen werden. Zunächst ist das Bewußtsein der normalen ägyptischen Bevölkerung in den Blick zu nehmen, ehe die höhere Stufe der Pharaonen und vielleicht noch einer kleinen Gruppe von Weisen angeschaut werden kann. Wie die ägyptische Kultur im einzelnen ausgestaltet wird, wird dann abhängen davon, wie die beiden Gruppen zusammenwirken.

Zunächst sei aber zum besseren Verständnis des Bewußtseins der alten Ägypter eine Betrachtung über die Genese unseres heutigen Bewußtseins eingeschoben.

2
DIE ENTDECKUNG DER ENTWICKLUNG DES BEWUSSTSEINS BEIM MENSCHEN

Das Bewußtsein eines jeden Menschen entwickelt sich während der Kindheit und Jugendzeit. Dieses Phänomen kann jedem Beobachter gut bekannt sein. Denn hat er nicht oft schon erlebt, daß bildhafte Erklärungen und Geschichten ein Kindergemüt erfreuen, weil deren Charakter ihm selbstverständlich und lebensgemäß ist. So erinnere ich mich an die Antwort einer Mutter auf die Frage ihres fünfjährigen Töchterchens, warum es abends dunkel wird, indem sie einfach sagte: «Weil die Sonne die Augen zumacht.» Das war einleuchtend, das Kind war zufrieden und verlangte keineswegs nach einer ‹wahrheitsgemäßen› Darstellung des heutigen astronomischen Weltbilds. Es hätte sie sicher auch nicht verstanden. Das wesenhafte Erleben der Welt entspricht einer gewissen Entwicklungsstufe, die bald auch überwunden wird, und doch von einer gesunden Erziehung beachtet werden muß. Denn das Kind lebt in den Zusammenhängen der Welt, es empfindet sie als sinnvoll und moralisch und bildet sich darin selbst als fühlendes und moralisches Wesen aus.

Was mit diesem kleinen Beispiel aufgezeigt werden sollte, ist nur als Hinweis gedacht auf einen komplizierten Entwicklungsvorgang, der schon für das Verständnis unseres eigenen Lebens wichtig ist. Denn auch da stehen nicht alle Menschen gleichen Alters auf gleicher Bewußtseinshöhe. Verschiedene Herkunft und Erziehung, unterschiedliche Erlebnisse und andersartige Menschenbegegnungen führen zu verschiedenen Erfahrungen. Diese können prinzipiell niemals gleich sein.

Ganz besonders deutlich treten diese Unterschiede einem entgegen, wenn man in ferne Länder reist und dort auf andere Strukturen trifft als die gewohnten. Wie oft hat sich z.B. ein Entwicklungshelfer erst in die ihm fremde Seelenlage einleben müssen, ehe er gelernt hat, nicht nur seine eigenen Vorstellungen umsetzen zu wollen, sondern zu berücksichtigen, was ihm an Fähigkeiten entgegenkommt. Häufiges Scheitern der mitgebrachten Vorschläge ist leider die Regel. Manchen faßt die Verzweiflung, wenn er nicht verstanden wird, manch anderer dagegen fällt in hochmütige Verachtung gegenüber denjenigen Menschen, denen er eigentlich helfen wollte. Und das nur deswegen, weil er nicht auf eine andere Bewußtseinsstufe vorbereitet war. So ist z.B. in vielen Fällen das Vorbild wesentlicher als man denkt oder die Kraft der Nachahmung größer als im Heimatland, dafür vielleicht ein eigenständiges Denken noch kaum entwickelt.
Ähnliche Erlebnisse wie heutzutage der Reisende in fremden Ländern haben kann, kann auch derjenige durchmachen, der sich auf alte Kulturen einlassen will. Schon bald wird er erfahren, daß in den verschiedenen Kulturen verschiedene Fähigkeiten der Menschen ausgebildet worden sind. Es gibt z.B. Kulturen, bei denen die körperliche Geschicklichkeit im Vordergrund stand, und andere, bei denen es mehr auf die geistigen Fähigkeiten ankam. Jedenorts ist die ‹Stimmung›, die eine Kultur durchwebt, eine andere. Auch innerhalb ein und derselben Kultur kann oft schon während ihrer Entwicklungszeit eine Änderung in der seelischen Konfiguration des zu ihr gehörenden Volkes gefunden werden. Empfindsamere Forscher, die diese feinen Unterschiede bemerkten, versuchten dann auch meistens Begriffe für diese subtilen Phänomene zu finden. So ist z.B. in bezug auf Ägypten (aber nicht nur dort) von einem ‹magischen› und einem ‹mythischen› Denken gesprochen worden[8] oder von dem Übergang von einem unpersönlichen zu einem persönlichen Denken. Alle diese Ansätze können aber erst ihre wirkliche Grundlage finden, wenn es gelingt, die Seelen- und Bewußtseinsentwicklung des Menschen,

so wie sie sich normalerweise vollzieht, vollständig und im Zusammenhang zu erfassen. Erst dann hätte man diejenigen Begriffe, die es einem aus der überschaubaren Entwicklung heraus gestatten, nun auch die alten Kulturen genauer einzuordnen.

Eine solche Grundlage gibt es, und zwar schon seit fast 160 Jahren. Nachdem es in der Goethe-Zeit gelungen war, den Begriff der Entwicklung aufzudecken[9] und auszugestalten, hat Immanuel Hermann Fichte, der bedeutende Sohn des großen idealistischen Philosophen, sein eigenes philosophisches Grundwerk mit dieser Leistung begonnen. Er hat, dem Zuge der Zeit folgend, mit dem neuen Sinn für Entwicklungsvorgänge, jenes Bewußtseinsgebiet der Welt genauer verfolgt und in Fluß gebracht, das zuvor nur in seinen einzelnen Elementen bekannt war. Es geschah dies in derselben Zeit, in der nicht nur die Biographie des Menschen – die den Ausgangspunkt für die Entwicklungsidee bildete (Entwicklungsroman) – unter dem Gesichtspunkt der Entwicklung angeschaut wurde, sondern auch die Erde in ihrem Werden, das Reich der Pflanzen, der große Bereich der Weltgeschichte, die Geschichte der Philosophie usw.

Man kann sich heute kaum noch vorstellen, welch ungeheuren geistigen Umbruch die Aufdeckung des Entwicklungsgedankens im Gefolge hatte. Eine vorher statische Weltbetrachtung, deren einzelne, nebeneinanderstehende Phänomene von Paradieseszeiten an gleichgeblieben sind, kam unversehens in Bewegung. Die einzelnen Pflanzen z.B. sah man jetzt nicht mehr nur in ihrer Fülle und Verschiedenheit, sondern man begann zu entdecken, wie sie sich auseinander entwickelt haben und miteinander zusammenhängen; von den einfachsten Formen ausgehend, sich dann aber immer weiter vervollkommnend, bis hin zu den kompliziertesten Gestaltungen.

Ein Gleiches entdeckt nun I.H.Fichte auch für das menschliche Bewußtsein. Auch da kannte man selbstverständlich die einzelnen Phänomene und Äußerungen, aber sie standen unverbunden nebeneinander, ehe sie von ihm durch die ‹genetische Methode› angesehen wurden, das heißt: «das Objekt in seiner natürlichen Entwicklung und in dem ganzen Komplex seiner begleitenden und umgebenden Erscheinungen aufzufassen». Dazu muß das zunächst isoliert gesehene Objekt aus seiner Isolation herausgelöst werden, denn das ist wesentlich, «um seine Genesis zu erkennen, um den ganzen Zusammenhang seiner Erscheinung zum Bewußtsein zu bringen. Wie in Wahrheit nichts vereinzelt ist, so darf auch nichts also aufgefaßt werden; und dem in allen wissenschaftlichen Untersuchungen grundverderblichen Verfahren, irgend ein *Einzelnes* für den Grund eines anderen Einzelnen anzusehen, während der Grund immer im *Komplexe* zusammenwirkender Momente liegt, – macht erst die Methode ein Ende, alles in seinem bestimmten Zusammenhange zu erkennen, weil es selbst nur dies Bestimmte werden konnte an dieser Stelle und in dieser Verbindung.»[10]

I.H.Fichte wendet diese Methode nun auf die Phänomene des Bewußtseins des wachen Menschen an und begründet damit sein System der Philosophie. In dem ersten Band dieses Werkes, der den Titel «Das Erkennen als Selbsterkennen» trägt, verfolgt er die Entwicklung des menschlichen Geistes, und zwar durch alle seine Stufen hindurch, vom ersten noch kaum Bewußtsein zu nennenden Aufdämmern des Säuglings bis zu derjenigen höchsten Stufe, auf der sich das Denken als solches selbst beobachten und durchschauen lernt. Diese Stufe, die erst durch Üben des Denkens zu erreichen ist, nennt I.H.Fichte das «spekulativ anschauende Erkennen». «Die wissenschaftliche *Entwicklungsgeschichte* des Bewußtseins *zum* und im Denken, und damit die Abhandlung der möglichen Verhältnisse derselben zur Wahrheit»[11] ist das erklärte Ziel dieser grundlegenden Betrachtung.

Diese Arbeit nicht zur Kenntnis genommen zu haben, ist ein Versäumnis, das die gegenwärtige Konfusion erst hat aufkommen lassen. Hätte man sich dieses Rüstzeug gleich am Beginn der Entwicklung einer Wissenschaft vom Alten Ägypten angeeignet, dann hätte sich wohl bald das geistige Sinnesorgan für die Seelenstimmung der Ägypter gebildet. Es hätte die uns so fremde Bewußtseinslage dieser frühen Menschen neu sehen gelehrt und vielleicht dazu beitragen können, ein differenzierteres Bild auf diesem Felde zu gewinnen.

Immanuel Hermann Fichte beobachtet die Entwicklung des Bewußtseins zunächst am Menschen der Gegenwart. Alles, was dieser an seelischen und dann auch an geistigen Regungen zeigt, wird genau registriert, geprüft und in den Zusammenhang eingeordnet. Allerdings ist ein solches Vorhaben mit großen Schwierigkeiten verknüpft, die einerseits darin bestehen, daß die einzelnen Stufen durch Übergänge miteinander verwoben sind, also nur schwer voneinander zu scheiden sind, andererseits aber darin, daß die zuerst erworbenen Fähigkeiten auch weiterhin bestehen bleiben, so daß ein Mensch durchaus die verschiedenen Grade von Bewußtheit in seinem Tagesgang darleben kann. Da für den ersten Blick die verschiedenen Bewußtseinsstufen im Laufe des Lebens nacheinander auftreten, so sind sie bei hinreichender Beobachtung sauber voneinander zu trennen. Vier grundsätzliche Werdestufen werden von I.H.Fichte geschieden:

Das Bewußtsein der 1. Epoche, welches Fichte «das Bewußtsein in seiner unmittelbaren Gegebenheit oder *die Naturbestimmtheit des Ich*» nennt. Darauf folgt, aber eng mit dem der 1. Epoche verbunden:

das Bewußtsein der 2. Epoche, *«das Ich als vorstellendes»*. In der
3. Epoche folgt «*das Ich als denkendes*» und schließlich in der
4. Epoche «*das Ich als erkennendes*».

Jede dieser vier Epochen werden bis in feine Verzweigungen des Bewußtseinslebens verfolgt und charakterisiert. Dabei ist dann zu beobachten, daß die drei ersten Epochen sozusagen naturgemäß durchlaufen werden, wenn eine entsprechende menschliche Gesellschaft dazu die erzieherischen Hilfen gibt. Die vierte Stufe dagegen, die in sich wieder graduell gegliedert ist, kann nur von demjenigen Menschen erreicht werden, der sich selbst erfaßt und sich durch eigenes Üben weiterentwickeln will.

Für unsere Aufgabe, das Bewußtsein des Ägypters näher zu verstehen, sind zunächst die beiden ersten Epochen die entscheidenden. I.H.Fichte geht aus von der *Empfindung*, durch die das Bewußtsein zuerst zu sich selbst kommt: «Es findet sich unmittelbar versenkt in eine Welt durchaus fertiger und bestimmter Sinnesaffektionen, denen es sich weder entziehen kann, noch an deren Inhalt oder Folge es etwas zu ändern vermag. Von allen Seiten ist es geöffnet dieser auf ihn einströmenden Gewalten, es ist an sie gebunden, die sich ohne sein Zutun an ihm vorbeibewegen; es rechnet sie daher einer Sphäre zu, über welche ihm selbst keine Macht zusteht, und die es so als *Außenwelt* sich entgegensetzt, an dieser Entgegensetzung aber zuerst sich selbst gewahr wird. Dies ist die Geburtsstätte des Ich: An der Empfindung, deren Intensität und Reiz wird es zuerst sich selbst empfindlich.»
An diesen Vorgang der Empfindung, die den Menschen von außen reizt, schließen sich weitere, innere Prozesse an: «Geweckt durch den ersten Einschlag der Empfindung, verwandelt das Bewußtsein diese in eine *innere* Vorstellung, und bringt sie so in seinen Besitz.» Wenn dieser Vorgang nicht stattfinden würde, dann würde auch nichts *wahrgenommen*. Man hätte dann eine ‹reine› Wahrnehmung, mit der man nichts anfangen könnte, weil sie uns ohne Begriff auch nichts sagen würde. Die Welt fängt erst dann zu sprechen an, wenn wir dem Wahrgenommenen von innen einen Begriff hinzufügen. Dabei «verhält sich das Ich nicht mehr bloß als empfangend sondern zugleich unmittelbar *tätig*, und diese Tätigkeit ist nicht nur unterscheidender, sondern zugleich verknüpfender Art». Erst diese Tätigkeit, die beim erwachsenen Menschen vollkommen mühelos, weil unbewußt, verläuft, macht eine Wahrnehmung zu einer bewußten Vorstellung, und von dieser wissen wir auch, daß *wir* sie haben. Was der Ganzheit eines Körpers zukommt, welche Grenzen zu welchen Dingen gehören, wie die Größenverhältnisse sind und wie die Entfernungen usw., alles das wird nicht allein wahrgenommen, sondern der empfundenen Welt urteilend eingefügt. Alle unsere Sinnes-

empfindungen werden so ständig von einer Kraft unbewußt begleitet, «die wir späterhin entwickelt als eigentliches Denken, als Begriff, Urteil und Schluß wiederfinden werden». Was auf dieser Stufe als unbewußtes Denken wirkt, taucht dann auf höherer Stufe im Bewußtsein auf. Und so kann Fichte schließlich sagen: «Wir lernen nicht denken, sondern bloß mit Bewußtsein tun, was wir in den unmittelbaren Zuständen schon mit sicherer Bewußtlosigkeit taten.» Diese Tatsache, recht durchdacht, kann die Spur angeben, durch welche man zu dem sonst so merkwürdig plötzlich auftretenden Denken die Brücke findet.

Was in dieser ersten Epoche des Bewußtseins zunächst noch mehr naturhaft lebt, das kann allmählich im freieren Umgang mit den erworbenen Vorstellungen, in dichterische Phantasiegestaltungen übergeleitet werden. Dabei muß sich das ganze Gefüge des Seelenlebens des Menschen ändern und verwandeln. Der erste Schritt auf diesem Weg ist z.B. die Erbildung eines andersartigen Gedächtnisses, das gegenüber den bis dahin mehr von außen geweckten Erinnerungen nun die Möglichkeit erhält, diese auch von innen hervorzurufen. Erst wenn dieses neue Gedächtnis bis zu einem gewissen Grad entwickelt ist, kann die Fähigkeit eines freieren Umgangs mit Vorstellungen entstehen.

Dieser von Immanuel Hermann Fichte entdeckte Entwicklungsgang des menschlichen Bewußtseins wird von Rudolf Steiner wieder aufgegriffen, von neuem durchdacht und an manchen Stellen korrigiert. Schon seit dem ersten Werk, in dem er «das Wesen des Menschen» mit einer gewissen Vollständigkeit im Überblick darstellt[12], nennt er das unterste Seelenglied kurzerhand «Empfindungsseele». Er charakterisiert sie folgendermaßen: «Mit dem ersten Regen der Empfindung antwortet das Innere auf die Reize der Außenwelt. ... Man stelle sich den Menschen vor, wie er von allen Seiten Eindrücke empfängt. Man muß ihn zugleich nach allen Richtungen hin, woher er diese Eindrücke empfängt, als Quell der bezeichneten Tätigkeit denken. Nach allen Seiten hin antworten die Empfindungen auf die Eindrücke. Dieser Tätigkeitsquell soll *Empfindungsseele* heißen.» Selbstverständlich sollte man dabei an keiner Stelle vergessen, daß die Empfindung nur ein Teil des seelischen Wesens des Menschen darstellt. «An die Empfindungen schließen sich die Gefühle der Lust und Unlust, die Triebe, Instinkte, Leidenschaften.» Für den Bewußtseinsgrad sind diese zwar vorläufig nur nebensächlich, für das Leben aber, das sich an die Antworten auf die Reize der Sinneswelt anschließt, oft entscheidend! Neben der Empfindungsseele erwirbt sich der Mensch heute, so wie ihn Rudolf Steiner charakterisiert, die «Verstandesseele» und schließlich die «Bewußtseinsseele» hinzu, die wiederum den Stufen I.H.Fichtes ähnlich sind. Da sie hier jedoch zunächst außerhalb unserer Aufgabe liegen, sollen sie erst in einer späteren Betrachtung genauer untersucht werden.

Es ist nun überraschend, wenn man entdeckt, daß die am heranwachsenden Menschen unterschiedenen Epochen der Bewußtheit auch bei der sich entwickelnden Menschheit wieder auftauchen. Und auch da genau so nacheinander, wie sie sich beim Einzelmenschen entwickeln. Man möchte hier eigentlich gern von einem ‹noogenetischen Grundgesetz› sprechen. Denn was für die sich bildende Gestalt auf biologischem Felde beobachtet worden ist, daß die Keimesentwicklung in abgekürzter Form die Stammesentwicklung wiederholt, das gilt auch im seelisch-geistigen Bereich. Auch da werden offenbar in der Bewußtseinsentwicklung des heranwachsenden Kindes und Jugendlichen die früheren Epochen der Menschheit in gedrängter Form wiederholt und von neuem angeeignet. Es gilt offenbar in viel weiterem Maße als der Dichter vielleicht ahnte: (Faust I, 682-83)

«Was du ererbt von deinen Vätern hast,
Erwirb es um es zu besitzen!»

Wenn man wie I.H.Fichte von Epochen des Bewußtseins spricht, dabei aber im Hintergrund an Epochen des werdenden Menschen denkt, dann liegt es auch nahe, diesen Begriff auf die Epochen der werdenden Menschheit zu übertragen. Vergleicht man dann die

Charakteristika dieser verschiedenen Epochen, dann findet man die seelische Entwicklungsstufe, die der Empfindungsseele entspricht, in reiner Form in der Kultur Ägyptens wieder. Was dann später als Verstandesseele erworben wird, kann in den Kulturen Griechenlands und Roms in typischer Form beobachtet werden. Und was schließlich für unsere Zeit als Aufgabe vor uns steht, das könnte zu einem ‹Zeitalter der Bewußtseinsseele› heranreifen. Eine Kultur der Bewußtseinsseele ist jedoch bisher erst anfänglich entwickelt. Überall sind noch Reste vergangener Entwicklungsstufen virulent am Werke und hemmen zeitgemäße Verhaltensweisen.

Erinnern wir uns nochmals an diejenigen Tätigkeiten, die für die Empfindungsseele charakteristisch sind, dann müssen wir dreierlei unterscheiden: den Reiz, der von außen auf die Sinne ausgeübt wird; die vorgegebene Antwort, die diesem von innen entgegengebracht wird; und die Vorstellung, die sich aus dieser Begegnung bildet. Sie wird gleichzeitig ins Gedächtnis aufgenommen und so zu unserem dauernden Besitz. An die Vorstellungen schließen sich Gefühle der Lust und Unlust an, oft auch Triebe und Begehrungen, je nach dem Zusammenhang des antwortenden Begriffs. Die sinnliche Welt ist jeweils der Auslöser dieses Bewußtseinsvorgangs, und ohne sie kommt nichts in Gang. Was der Empfindungsseele noch völlig fehlt, ist ein eigener Innenraum, der aktiv und eigen ergriffen sich jetzt der Welt aufprägte. Es ist umgekehrt: die Welt, und nur diese, bestimmt allein die Reaktionen des Menschen. Von eigenem Denken findet sich noch keine Spur. Alles wird so aufgenommen, wie es durch die Antworten vorgeprägt ist.

Wie die Vorgänge, die für die Empfindungsseele charakteristisch sind, im einzelnen verlaufen und in Gang gehalten werden, soll nun der Blick auf die Kultur Ägyptens zeigen.

Vorab könnte man an dieser Stelle fragen, ob es überhaupt je eine Kultur ohne Denken geben kann? Und die selbstverständliche Antwort müßte heißen: nein, niemals! Denn sofort würden einem die oben schon genannten Argumente in den Sinn kommen, z.B., daß es doch überall eine Technik gegeben habe, die nie ohne Denken entstanden sein kann. Aber es wird sich zeigen lassen, daß es genügen könnte, wenn nur wenige Menschen diese Fähigkeit besitzen und diese dann die übrige Bevölkerung belehren und anleiten könnten, um so gewisse Fertigkeiten in gleicher Art durch stetes Wiederholen zu veranlagen. Deswegen kennen ja auch die meisten der vorchristlichen Kulturen ihre Heroen, die als halbgöttliche Gestalten eingerichtet haben, was dann weiter gepflegt worden ist.

3
DIE KULTURPHÄNOMENE DER EMPFINDUNGSSEELE

Das menschliche Bewußtsein unterliegt, wie oben ausgeführt, dem Gesetz der Entwicklung. In der Menschheitsgeschichte geht die Epoche der Empfindung oder der Empfindungsseele dem ersten Auftreten des Denkens, der Epoche der Verstandesseele, voran. Alle Kulturphänomene Ägyptens gehören zu dieser ersten Stufe, leiten aber naturgemäß über in die zweite. Indessen ist darauf zu achten, daß schon in der ersten Epoche immer wieder Einwirkungen von Menschen zu bemerken sind, die eigentlich schon einer höheren Bewußtseinsstufe angehören. Das Auseinanderhalten beider Erscheinungen im gleichen Volk – was nicht besonders schwierig ist, da es sich um gänzlich verschiedene Menschengruppen handelt – ist hier die Aufgabe. Wird die Herkunft einer Bewußtseinsäußerung nicht beachtet und nicht vermerkt, dann kann nur die übliche Verwirrung die Folge sein. Auf sie stößt jeder ernste Forscher, der sich um Klarheit bemüht. Als ein Beispiel dafür sei hier noch Hermann Junker angeführt, der dieser Frage eine eigene Abhandlung gewidmet hat: «Die Geisteshaltung der Ägypter in der Frühzeit». Seiner Hochschätzung des Ägyptertums gemäß ist er davon ausgegangen, daß sich der Beweis erbringen läßt, «daß im Alten Ägypten ein logisches Denken vorhanden war, und auch ein wissenschaftliches Denken nicht ganz fehlte».[13] Die Auseinandersetzung mit den Fachgenossen, die ihre Aufmerksamkeit mehr auf ein ‹mythisches› Denken gelenkt hatten, glaubt er so entscheiden zu können, daß dieses Denken zwar vorhanden gewesen sei, aber nicht «schlechthin als *das* Denken der alten Ägypter aufgefaßt wurde». Daneben sei immer ein normales logisches Denken einhergegangen.[14] Alle

weiteren Beobachtungen Junkers dienen im folgenden nur dazu, dieses folgerichtige Denken in Ägypten zu konstatieren. Dennoch stößt auch er bald an eine Grenze, die seine Prämisse in Frage stellt: «Darf man auch nach dem im voraufgehenden Abschnitt Gesagten annehmen, daß die ägyptische Denkweise normal logisch war, so scheint dem doch zu widersprechen, daß wir in den religiösen Aussagen vielen Widersprüchen begegnen. Von vornherein sei bemerkt, daß eine allseitig befriedigende Lösung nicht für alle Fälle gefunden werden kann, aber das enthebt nicht von der Verpflichtung, diesen Problemen nachzugehen. Zwar ist es das Hauptanliegen der vorliegenden Arbeit, die Denkart der Ägypter darzustellen, wie sie sich in ihrem Leben und Wirken kundtut, während ihre religiöse Welt auf einer anderen Ebene liegt; aber auch in ihr muß sich ihre allgemeine Geisteshaltung und Denkart offenbaren.»[15]
Um dieser Diskrepanz von vornherein mit Aufmerksamkeit begegnen zu können, seien hier zunächst nur jene Äußerungen und Phänomene behandelt, deren Herkunft wir den ‹Untertanen›, d.h. dem Großteil der Bevölkerung Ägyptens zuordnen können. Erst im nächsten Kapitel soll dann der Blick auf den König gelenkt werden und auf die kleine Gruppe von Weisen. Dazu sei es gestattet, auch nur diejenigen Texte und Bilder heranzuziehen, die für die ägyptische Hochkultur charakteristisch sind und für längere Zeit ihre Gültigkeit beibehielten. Dies ist aus zwei Gründen nötig: Zum einen lebt die ägyptische Kultur zwar auch nach dem Ende der Ramessidenzeit fort, sie wird aber seit dieser Zeit (der Wende vom 2. zum 1. Jahrtausend) nur noch von fremden Königen beherrscht. Damit ändern sich natürlich die bis dahin rein ägyptischen Verhältnisse. Zum anderen läßt sich in den jahrtausendelangen Zeiten der ägyptischen Kultur auf vielen Gebieten auch eine Entwicklung bemerken. Denn Ägypten sieht nur von ferne wie ein statischer und unbeweglicher Koloß aus, von der Nähe gesehen, ist auch dort der Strom des Lebens zu spüren, der diesen Koloß durchpulst und bewegt.

Charakteristisch für Ägypten und die Art seiner Kultur ist schon ihr Entstehen. Sie tritt mit einem Mal in Erscheinung. Die vorangehende langsame Entwicklung der vorgeschichtlichen Kulturen in diesem Raum wird um 3000 v. Chr. überraschend beendet, vieles wird neu gegriffen, manches neu geschöpft. Jetzt wird das ganze Land unter einem König geeint und einheitlich verwaltet, die Schrift wird erfunden, der Kalender festgelegt und damit eine Zeitrechnung eingeführt, der Kunstkanon geschaffen, der für Jahrtausende verbindlich blieb, das Königtum wird in seiner spezifisch ägyptischen Art und Weise eingeführt, die Götterwelt wird geordnet – kurz, auf allen Gebieten zeigt sich die produktive Schöpferkraft des Menschen. Der Ägypter selbst hat diesen überraschenden ‹Sprung› in seine Kultur nur einem einzigen, wenn auch göttlichen Menschen zugeschrieben; als König Menes, als ‹Reichseiniger› und Erster in der Reihe der ägyptischen Könige, erscheint er an der Spitze aller Annalen.

Obwohl man heute manche vorbereitenden Kulturtendenzen in der späten Vorgeschichte sieht, bleibt dieser Sprung in der Entwicklung der Menschheit, der sich da vollzogen hat, doch immer noch genauso rätselhaft wie zuvor. Selbst die sorgfältigsten Untersuchungen der vorgeschichtlichen Entwicklungstendenzen lassen in keiner Weise den jähen Übergang in die Kultur Ägyptens im voraus auch nur ansatzweise erkennen. Äußerlich zwingt nichts zu diesem Schritt. Er kann nur innere Gründe haben. Eberhard Otto versucht nun gerade diesen Gründen nachzuspüren, indem er sich ganz auf das Phänomen einläßt und sich die einzelnen Neuerungen nochmals genauer anschaut:

«Die Bedeutung der Vorgänge liegt wohl darin, daß in einem verhältnismäßig überblickbaren Zeitraum eine Mehrzahl von Ereignissen, Erfindungen und Entdeckungen zusammentraf, von denen jede die andere stützte und steigerte und deren Zusammen-

treffen den Anschein einer Ganzheit erweckt. Denkbar wäre jede einzelne für sich allein; aber erst ihr Zusammentreffen ergab den historischen Effekt: Eine politische Vereinigung darf wohl als erster Schritt bezeichnet werden. Dadurch, daß die Möglichkeit der schriftlichen Aufzeichnung hinzutritt, wird dem bloßen Geschehen im Bewußtsein der Mitlebenden Dauer und Überschaubarkeit verliehen; ich möchte sagen, es tritt eine zweite Wirklichkeit neben die bloße Geschehenswirklichkeit. Ihr Vorläufer gleichsam ist das (zunächst in mündlicher Überlieferung) Bewahren von ‹historischen› Namen (Königsnamen). Innerlich hängt damit zusammen der Beginn einer Zeitrechnung, die Verwendung des zunächst rein praktisch bedeutsamen Kalenders als historisches Instrument. Und schließlich tritt als Letztes, sich erst im Laufe der 1. Dynastie Vollendendes, die Formung des ägyptischen Stils hinzu, erkennbar ebenso am nun innerhalb bestimmter Grenzen kanonischen Kunststil wie – wenn dies für uns auch nicht so unmittelbar faßbar wird – ein gesamter Lebensstil; das ‹Ägyptische› als unverwechselbare geschichtliche Größe tritt nun erst voll und ganz in Erscheinung.
Überblickt man diese, natürlich geraffte, Zusammenschau der Ereignisse und fragt danach, was sich denn nun eigentlich entscheidend gegenüber der ‹Vorgeschichte› geändert habe, so wird man sicher nicht diese oder jene Einzelheit als alleiniges Kriterium anführen dürfen (Staatsgründung, Erfindung der Schrift, des Kalenders oder einer Zeitrechnung), sondern das Entscheidende im Zusammentreffen aller Faktoren sehen müssen. Damit wird meines Erachtens klärlich das Entscheidende von den Ereignissen, vom Geschehen weg verlagert in ein sich wandelndes Selbstbewußtsein ihrer Vollzieher.»[16]
Auf was es hier ankommt, und das ist von E. Otto deutlich genug gesagt worden, ist das Zusammentreffen der vielen Neuerungen und deren Bündelung auf ein neues Ziel. Alle Einwendungen gegen diese Sichtweise greifen immer nur einen einzigen Aspekt heraus und glauben so den ‹Sprung› vermeiden zu können. So

versuchte etwa Dietrich Wildung, die kontinuierliche Bildung eines ‹Reiches› in spätvorgeschichtlicher Zeit sehen zu können. [17] Die Vereinigung der beiden Reiche, wie der ägyptische Terminus für den Anfang der ägyptischen Kultur heißt, würde dann etwas anderes bedeuten müssen als eine tatsächliche erstmalige Vereinigung zweier vorher bestehender Kulturbereiche. Ein anderer, W. Schenkel, glaubte nachweisen zu können, daß die Schrift ursprünglich hauptsächlich für verwaltungstechnisch-rechtliche Zwecke verwendet, also dafür auch erfunden worden sei.[18] Aber selbst er muß zugestehen, da ja auch tatsächlich Dokumente, die historischen Charakter tragen, gefunden worden sind – man denke nur an die bekannte Narmerpalette –, daß bei der Schrifterfindung andere Gesichtspunkte entscheidend gewesen sein können, denn «in Anbetracht dieses Befundes [der historischen Aufzeichnungen] erscheint es ausgeschlossen, den Kausalzusammenhang zwischen Einführung der Schrift und Entstehung eines ‹historischen Bewußtseins› positiv abzuklären. Es besteht durchaus die Möglichkeit, daß die Schrift infolge eines veränderten ‹historischen Bewußtseins› eingeführt wurde, auch wenn die das ‹historische Bewußtsein› dann dokumentierende Annalistik nicht gleich im ersten Anlauf mitentstanden wäre. Es ist aber ebensogut möglich, daß die Schrift zu einem mehr oder minder zufälligen Zeitpunkt und ohne streng ursächlichen Zusammenhang mit dem Ereignis der Vereinigung der beiden Teilländer eingeführt wurde. Im letzteren Fall wäre dann nur relativ rasch nach Aufkommen der Schrift entdeckt worden, daß man mit ihrer Hilfe Ereignisse festhalten, Annalen führen kann, daß man die Schrift also für diesen Zweck *auch* ‹brauchen konnte›.»[19]

Einwände solcherart haben natürlich immer zur Folge, daß man sich neu überlegen muß, was denn etwa ein ‹historisches Bewußtsein› wäre, das die Schrift zu seiner Dokumentation gebraucht hätte. Aber man sieht wohl an diesem Beispiel auch hinreichend deutlich, inwiefern niemals eine Einzelheit allein, und sei sie auch noch so treffend, genügenden Aufschluß geben kann. Erst der

Zusammenhang macht das Geschehen durchsichtig für die ursprünglichen Intentionen.
Die Reichseinigung, d.h. der Beginn der ägyptischen Kultur, ist dafür ein treffendes Beispiel. Gelänge es, nun wirklich zu erfassen, was in Ägypten als ‹historisches Bewußtsein› lebt, dann müßte das Verstehen von den ihm zugrundeliegenden Tatsachen, auch die übrigen Phänomene der Reichseinigung, neu beleuchten. Ausgehend von einer Bemühung, das Zeit-Erleben der Ägypter zu verstehen, stößt Jan Assmann auf die Frage nach dem Geschichtsbewußtsein des alten Ägypters. Er findet dabei drei uns zunächst befremdende Kriterien[20] :
1. «Das Fehlen eines Begriffs von Vergangenheit in unserem Sinne». Dies hängt mit dem völlig anderen Zeitbegriff der Ägypter zusammen, der auf der Polarität von Dauer und Wandel auferbaut ist, wobei die Dauer die Vergangenheit einschließt, jedoch als «Gewordensein dessen, was als Vollendetes fortdauert».
2. Dieses Gewordensein wird durch Denkmäler repräsentiert, die schließlich eine mehrere Jahrtausende umgreifende Tiefe erreichen. Dadurch wird die Geschichte wie in einer Art mächtigen Tableaus gegenwärtig und wirksam. Bevor solche Denkmäler errichtet wurden, war die Zeit der Vorgeschichte, des Mythos: «Das ist die Zeit, in der die Götter die Herrschaft auf Erden ausübten, eine Zeit, die nicht durch Denkmäler sichtbar gemacht wurde, weil die Götter keiner Denkmäler bedürfen. Sie sterben nicht, folglich leben sie nicht in der Fortdauer des kollektiven Gedächtnisses. Die Denkmäler gehören in die Geschichte. Das ist die Zeit, in der die Könige die Herrschaft ausübten und die sich bruchlos bis in die jeweilige Gegenwart der pharaonischen Kultur erstreckte. Das ist die Zeit, die in den Denkmälern sichtbar ... wird. Geschichte ist die Resultante aus Handeln und Erinnern. ... Beides, Handlung und Erinnerung, konkretisiert sich für den Ägypter in den Denkmälern. Insofern sind sie in der Tat ‹die mit Riesenschrift geschriebenen Bücher seiner Geschichte›. Wo die Denkmäler einsetzen, setzt menschliches Handeln, sowie die

Erinnerung daran, ein. Vorher haben die Götter gehandelt, deren Handlungen nicht im Denkmal fortdauern, sondern in der Wirklichkeit. Man sieht, daß diese ägyptische Unterscheidung zwischen Mythos und Geschichte, Götter- und Königsherrschaft, genau jener Grenze entspricht, die wir zwischen Prähistorie und Geschichte ziehen. Für uns wird sie markiert durch die Schrifterfindung, für die Ägypter durch das Einsetzen der Denkmäler, die in der Tat nichts anderes als eine ‹Riesenschrift› sind.
3. Der Raum der Geschichte, wie er durch die Denkmäler abgesteckt, erfüllt und sichtbar gemacht und wie er durch die Königslisten usw. ausgemessen wird, ist statisch: ohne Wandel und damit auch ohne eigentliche Bedeutung. Alle entscheidenden Wandlungen, die die heutige Welt hervorgebracht haben, liegen in der Vorgeschichte, als die Götter handelten. Die Vorgeschichte ist die Zeit der begründenden und legitimierenden Transformationen. ... Nur vom Mythos und nicht von der Geschichte, fällt Licht auf die Gegenwart. Denn in der Geschichte ist nichts Veränderndes, und damit Erhellendes, vorgefallen. Mit Anbruch der Geschichte ist die ägyptische Lebensordnung mit allen politischen, sozialen, religiösen und ökonomischen Institutionen in vollkommener Ausbildung da und wird im Laufe der Geschichte lediglich getreulich reproduziert.»
Auch bei dieser Sicht der Ereignisse, die Jan Assmann hier aufgrund seiner Einsichten in das ägyptische Zeiterleben gewonnen hat, bleibt der Umbruch bei der Reichseinigung unerklärt. Man findet ihn, kann auch aus dem Späteren verstehen, warum ein solcher Übergang notwendig geworden ist, aber hätte ihn nie aus dem Vorherigen voraussehen können. Zwar ist jetzt deutlich, daß das Ereignis der ‹Reichseinigung› nicht ein sich über lange Zeit hin entwickelnder Prozeß sein konnte, in welchem zu einem ‹mehr oder minder zufälligen Zeitpunkt› das eine oder andere erfunden und dann auf seine ‹Brauchbarkeit› hin geprüft wurde. Der Beginn der eigentlich ägyptischen Kultur mit ihrem eigentümlich zeitlosen Charakter bleibt dennoch ein Rätsel.

«Beginn der Sprüche der ‹vollkommenen Rede›,
die verfaßt hat der Fürst und Graf,
der von Gott geliebte Gottesvater ...
der Bürgermeister und Wesir Ptachhotep. Er spricht
als einer, der den Unwissenden zum Wissenden erzieht
und zu den Regeln vollkommener Rede,
zum Nutzen dessen, der darauf hört,
zum Schaden dessen, der dawider handelt.»[21]

So beginnt eine der zahlreichen ägyptischen Lehren, in der der berühmte Verfasser seine Absicht mitteilt: den Unwissenden zum Wissenden zu erziehen. Er war einer von denjenigen Weisen, die durch die prägnante und eingängliche Formulierung von Grundgegebenheiten der Kultur das Volk in starkem Maße prägten. Die Lehren sollten auswendig gelernt, praktiziert und an die heranwachsende Generation weitergegeben werden. Dies gelang so gut, daß viele von ihnen ein ungewöhnlich langes Leben und Nachleben gehabt haben. Ein Doppelzeiler aus der Lehre des Prinzen Djedefhor z.B., der ein jüngerer Sohn des Cheops war (um 2530 v.Chr.), findet sich immer wieder in ägyptischen Texten zitiert, und zwar bis in die Römerzeit:

«Statte dein Haus in der Nekropole gut aus und richte deinen Platz im Westen wirkkräftig her».

Zwar ist nicht jedes Wort so lange im Leben der Menschen bewegt worden wie dieses, sie waren aber nicht nur für den Tag geschaffen.

Um nun einen Eindruck von der Art dieser Lehren zu geben, seien hier zunächst einige ausgewählte Sprüche aus einer der ältesten Lehren, aus der Lehre des Ptachhotep (aus der 5. Dyn., um 2350) an den Anfang gestellt. Die einzelnen Regeln, die es zu beherzigen galt, schließen an den schon oben zitierten Beginn an:[22]

I

Sei nicht eingebildet auf dein Wissen
und verlasse dich nicht darauf, daß du ein Weiser seist,
sondern besprich dich mit dem Unwissenden so gut wie mit dem Weisen.
Es gibt keinen Künstler, der seine Vollkommenheit erworben hat,
die Grenzen der Kunst werden nie erreicht.
Vollkommene Rede ist verborgener als ein Malachit,
und doch kann man sie entdecken bei den
Mägden über den Mahlsteinen.

II

Wenn du einen Mann im öffentlichen Leben triffst,
in führender Stellung und angesehener als du,
dann beuge deinen Arm und krümme deinen Rücken (d.h. grüße) …

V

Wenn du ein Mann in leitender Stellung bist,
der die Verhältnisse von Vielen zu regeln hat,
dann bemühe dich stets um fürsorgliche Handlung,
so daß dein Verhalten frei ist von Unrecht.
Die Maat leuchtet, ihre Wirksamkeit dauert an,
sie ward nie verwirrt seit der Zeit dessen, der sie geschaffen hat.
Immer wird der bestraft, der ihre Gesetze übertritt,
doch dem Habgierigen scheint das (Totengericht) etwas fernes zu sein,
und Gemeinheit rafft weiterhin Schätze zusammen.
Doch wenn das Ende da ist, bleibt allein die Maat,
so daß ein Mann sagen kann: ‹Das ist die Habe meines Vaters!›
Halte die Menschen nicht in Schrecken vor dir, denn so etwas bestraft Gott.

VII

Wenn du ein Gast bist,
am Tische eines, der größer ist als du,
dann nimm, was er dir gibt, wie man es dir vorlegt.
Blicke nicht auf das, was vor ihm liegt,
sondern schau nur auf das, was vor dir liegt.
Durchbohre ihn nicht mit vielen Blicken –
der Ka haßt es, so bedrängt zu werden.
Halte deinen Kopf gesenkt, bis er dich anspricht,
und rede nur, wenn er dich angesprochen hat.
Lache nur, wenn er gelacht hat,
das wird ihm sehr angenehm sein,
und deine Haltung wird dem Herzen wohltun,
man weiß ja nie, was ihm das Herz bedrückt. …

VIII

Wenn du ein Mann des Vertrauens bist,
den ein Großer zu einem anderen Großen schickt,
dann sei ganz zuverlässig, wenn er dich sendet,
und führe den Auftrag so aus, wie er ihn gesagt hat.
Unterdrücke nichts von dem, was dir gesagt wird,
nimm dich in acht, auch nur ein einziges Mal etwas zu vergessen.
Halte dich an die Wahrheit, – jedoch übertreibe sie nicht.
Herzensergüsse berichtet man nicht weiter.
Hüte dich, Worte zu verschärfen,
so daß du etwa einen Großen gegen einen anderen aufbringst.
Rede überhaupt nicht über jemanden,
weder über hoch noch niedrig – das ist dem Ka ein Greuel!

IX

Wenn du pflügst und es gedeiht auf dem Feld
und wenn Gott es dir reichlich gibt,
dann rühme dich dessen nicht übermäßig
und überhebe dich nicht über den, der nichts hat.

Hüte deinen Mund neben deinem Nächsten.
Nur vor dem Zurückhaltenden hat man Hochachtung.

XIII

Wenn du in einer Amtsstube bist,
dann steh auf und setze dich, wie es dir zusteht
und wie es dir vom ersten Tage an beigebracht worden ist.
Mißachte das nicht; vermeide, daß du zurückgewiesen wirst. …
Die Amtsstube hat ihre feste Ordnung,
und jeder Vorgang läuft nach der Vorschrift ab.
Gott (d.h. der König) ist es, der einen befördert, …
mit den Ellenbogen erreicht man nichts.

XVIII

Wenn du willst, daß deine Lebensführung gut sei,
dann mach dich frei von allem Bösen.
Hüte dich vor der Verführung zur Habgier,
denn sie ist eine schlimme, unheilbare Krankheit.
Bei ihr hat man keinen Vertrauten mehr.
Sie verbittert einen Freund,
sie entfremdet einen Vertrauten von seinem Herrn,
sie pflegt Väter und Mütter zu entzweien,
sie vertreibt die Ehefrau eines Mannes;
ein Sack ist sie, voll von allem Hassenswerten,
ein Bündel von allem Übel.
Fort dauert ein Mann, dessen Lebenswege gerade sind.
Wer seinen (Lebens)weg recht geht,
der kann über sein Vermögen verfügen,
doch für den Habgierigen gibt es kein Grab.

XIX

Sei nicht habgierig nach Gütern bei der (Erb)teilung,
begehre nicht, was dir nicht zusteht. …

XXII

Wenn du dich selbst ernähren kannst und einen Hausstand gründest,
dann heirate eine Frau nach der Ordnung.
Fülle ihren Leib und pflege ihre Haut,
das Pflegemittel für ihren Körper ist Salböl.
erfreue ihr Herz, solange du lebst,
sie ist ein fruchtbarer Acker für ihren Herrn.
Streite nicht mit ihr vor Gericht
und halte sie fern davon Macht zu haben. ...

XXIII

Gib keinen Klatsch weiter,
ja höre gar nicht hin –
er entspricht dem Hitzigen.
Gib nur weiter, was du selbst gesehen, nicht nur gehört hast.
Wenn es belanglos ist, sprich gar nicht darüber;
dein Gesprächspartner wird dann deinen Wert erkennen. ...

XXXI

Krümme deinen Rücken vor deinem Vorgesetzten,
der dir vorsteht im Staatsdienst,
dann wird dein Hausstand samt seiner Habe Bestand haben
und deine Entlohnung bleibt in Ordnung.
Gefährdet ist, wer seinem Vorgesetzten widerstrebt,
denn man lebt nur, solange er milde gesinnt ist.
(Aber) ein Arm wird nicht krumm, der sich beugt (beim Grüßen). ...

XXXVI

Strafe sofort und züchtige kräftig,
denn wenn man das Übel (gleich) packt, wird das ein Beispiel sein.
Eine Strafe aber ohne (vorhergehende) Übeltat
läßt einen Klagenden widersetzlich werden. ...

Epilog

Wenn du auf das hörst, was ich dir gesagt habe,
dann wird dein ganzes Verhalten dem der Vorgänger entsprechen.
In der Art ihrer Maat liegt ihr (der Vorgänger) Wert,
und die Erinnerung an sie läuft noch um im Munde der Menschen,
weil ihre Sprüche so vollkommen sind.
Jedes Wort ist überliefert.
In Ewigkeit geht keines in diesem Lande zugrunde, …
die Lehre eines Mannes ist dazu da,
der Nachwelt weitergereicht zu werden.
Wer auf sie hört, der wird ein Meister im Hören (=Gehorchen). …
Nützlich ist das Hören für einen Sohn, der hört,
denn das Hören dringt ein in den Hörer,
und so wird aus dem Hörer ein Gehorsamer.
Wer gut hören kann, der kann auch gut sprechen.
Wer hört, kommt in den Besitz von Wertvollem,
denn das Hören ist wertvoll für den Hörer.
Hören ist besser als alles andere, es führt zu vollkommener Beliebtheit.
Wie gut ist es doch, wenn ein Sohn annimmt, was sein Vater sagt.
Es begleitet ihn bis ins hohe Alter. …
Wie gut ist es doch, wenn ein Sohn auf seinen Vater hört,
wie froh ist der, zu dem gesagt wird:
‹Der Sohn gefällt, er versteht zu hören›.
Ein Hörer, von dem dies gesagt werden kann,
der ist bis innen hinein wohlgeraten
und von seinem Vater wohlausgestattet.
Die Erinnerung an ihn lebt fort im Munde der Lebenden,
derer, die jetzt auf Erden sind, und derer, die sein werden.
Wenn der Sohn annimmt, was sein Vater sagt,
dann geht keiner seiner Pläne fehl.
Du sollst aus deinem Sohn einen Gehorsamen erziehen,
einen, der tüchtig ist in den Augen der Räte,
einen, der seine Rede nach dem richtet, was ihm gesagt worden ist,

einen, der als Gehorsamer angesehen wird.
Der Sohn ist erfolgreich, wenn sein Weg vorgezeichnet ist,
während Irrgang dem widerfährt, der nicht hört. …
Ein gehorsamer Sohn ist ein Horusdiener,
es geht ihm gut nachdem er gehört hat.
Ist er alt geworden, so kommt er zu hohen Ehren,
und dann spricht er ebenso zu seinen Kindern,
indem er die Lehre seines Vaters erneuert;
ein jeder lehrt entsprechend seinen Erfahrungen,
und so spricht er zu seinen Kindern,
damit diese wiederum zu ihren Kindern sprechen.
Setze ein Vorbild, gib einen Anstoß.
Festige die Maat, dann werden deine Kinder leben.»

Diese Lehre ist ein geeigneter Einstieg, um einen Geschmack zu erhalten von der Art, wie sich das ägyptische Bewußtsein darlebt. Heben wir uns einige Charakteristika davon ins Bewußtsein: Als erstes ist festzuhalten, daß es hier um eine *Lehre* geht, eine in Ägypten verbreitete Art von ‹Literatur›. Zwar deckt sich der ägyptische Begriff nicht ganz mit dem unsrigen, denn er umfaßt alle Arten von Belehrungen und enthält auch noch den Begriff der Anweisung [23], aber dennoch soll der Ägypter durch sie bewußt erzogen werden. Derartige Belehrungen durchziehen das ganze Leben. Auch wir werden heutzutage noch ‹belehrt›, wie man einen Tisch deckt, daß das Messer rechts, die Gabel links und der kleine Löffel oben quer zu liegen hat; auch wir werden belehrt, wie man sich bei Tische verhalten soll, daß man z.B. nicht anfängt zu essen, ehe die anderen beginnen, daß man nach beendeter Mahlzeit nicht einfach weglaufen darf usw.; auch wir sollen das essen, was ‹auf den Tisch kommt›, und danken für die Gaben Gottes. Und auch wir werden als Kind in ebenderselben Weise wie der Ägypter in konkrete Situationen geführt, auf die wir richtig, d.h. gemäß dem Gelernten, zu reagieren haben. Wenn du … in der und der Situation bist, dann mußt du … das und das machen.

Ein konkretes Bild des Lebens wird beschrieben und eingeprägt. Tritt eine entsprechende Situation im Leben ein, dann löst sie als Reiz die gelernte Antwort aus. Unter Antwort ist hier ein bestimmt geformtes Verhalten zu verstehen, das eingelernt ist und ursprünglich auch tatsächlich vorgesagt und vorgemacht wurde. Durch stetes Wiederholen prägt sich der Vorgang im Gedächtnis ein. Tritt dann ein entsprechender Reiz auf, dann wird das eingeübte Verhalten fast unbewußt hevorgelockt, wie bei einer gewohnheitsmäßigen Reaktion. Die ‹Antwort› kann also sehr viel umfangreicher sein als der auslösende Reiz, je nach dem eingegebenen ‹Programm›.

Auffällig ist weiterhin das völlige Fehlen von Begründungen. Nirgends wird nur auch der leiseste Anflug von Nachdenken geweckt. Im Gegenteil: die Lehre wird aufgrund einer Autorität angenommen, und nur weil man diesen Urheber kennt und schätzt, wird sie auch realisiert. Deswegen nennt er sich auch gleich am Anfang. Im Alltag werden selbstverständlich die Eltern die erste Autorität dargestellt haben, die von normalen Kindern bei normalen Eltern unbedingt anerkannt wird. Ob sie ihnen auch immer folgen, ist dann abhängig davon, wie groß die Autorität der betreffenden Person ist, und davon, ob diese selbst von der Richtigkeit ihrer Anweisungen überzeugt ist.

Bei der Übersetzung aus dem Ägyptischen tritt eine Schwierigkeit dadurch auf, daß die zahlreichen kurzen Wörter im Deutschen, «die logische Satzverhältnisse deutlich machen oder bestimmte Farbnuancen geben, wie ‹nun›, ‹dann›, ‹dagegen›, ‹aber› usw., … im Ägyptischen keine Parallelen haben».[24] Bei uns ist schon die Sprache auf logische Beziehungen gebaut. Die ägyptische Sprache ‹dagegen› ist noch weithin frei davon.

Da die Anweisungen für die Ägypter nicht immer leicht zu befolgen sind – oft stehen ihnen natürliche Triebe und Begierden im Wege –, werden diejenigen, die sich danach richten, belohnt, die anderen bestraft. Lohn und Strafe also sind der Antrieb, der die Menschen dazu bringt, ihr Verhalten in die gewünschte Richtung zu lenken. Wir hörten: «Hören (d.h. Gehorchen) ist wertvoller als alles andere, es führt zu Beliebtheit bei Gott und Menschen.» Und tatsächlich, wer ertappte sich nicht selbst bei der angenehmen Empfindung, die ein wohlgeordnet gedeckter Tisch erweckt. Wahrlich, wenn alles an seinem richtigen Platz ist, so wie es sich ‹gehört›, dann ist man mit sich und der Welt im Einklang. Es ist sehr schwer, Gewohnheit gewordene Verhaltensweisen zu ändern. Sie haben etwas Hartnäckiges und zum Statischen Neigendes angenommen und sind heutzutage höchstens durch bessere Einsichten zu ändern, wenn überhaupt. In Ägypten blieben sie solange im Gebrauch, bis sie der König selbst zu ändern für nötig befand. Nur die allerhöchste Autorität konnte und durfte eingreifen. Alles andere wurde als geheiligte Überlieferung, die schon seit den Zeiten der Vorväter galt, sorgfältig und in derselben Gesinnung weitergepflegt.

Den Hauptteil der obigen Lehre bildet der Epilog. In ihm wird in immer neuen Variationen das Grundsätzliche des Hörens hervorgehoben, wobei der Ägypter, wie übrigens auch der Deutsche, das Ge-horchen mitverstand. Dabei wird deutlich genug hervorgehoben, daß die Lehre weitergegeben werden soll. Er soll zu seinen Kindern sprechen, damit diese wieder zu ihren Kindern sprechen usw. Dieses Prinzip durchwaltet die gesamte ägyptische Kultur.

Man könnte sich theoretisch fragen, ob denn eine Kultur ohne Denken überhaupt möglich wäre. Ja, sie ist möglich dadurch, daß alle Fähigkeiten, die man braucht, um im Leben zu bestehen, eingeübt und zur Gewohnheit geworden sind. Das gilt für das gesamte Verhalten, sowohl im sozialen Bereich als auch bei allen Berufen. Einmal eingeübt, werden die erlernten Praktiken und Verfahrensweisen dann jeweils vom Vater auf den Sohn, von der Mutter auf die Tochter, vom Lehrer auf den Schüler weitergegeben. Niemand stört diesen Vorgang, man darf nichts Eigenes hinzubringen, weil sonst das ganze auf Harmonie gestimmte System in Unordnung kommen könnte. Die Lehre des Kagemni spricht diese Regel, die für Ägypten überaus charakteristisch ist, so aus:

«Da ließ der Wesir seine Kinder (= Schüler) kommen,
nachdem er der Menschen Wesen durchschaut hatte
und nachdem ihr Charakter ihm aufgegangen war.
Er schloß damit, ihnen zu sagen:
‹Alles, was in dieser Buchrolle geschrieben steht,
nehmt es auf, wie ich es gesagt habe.
Geht nicht hinaus über das, was festgelegt ist!›
Da warfen sie sich nieder
und lasen es dann, wie es aufgeschrieben stand,
und fanden es schöner als alles,
was es in diesem ganzen Land gab.
Sie saßen und standen (der Lehre) gemäß.»[25]

Was hier im großen und ganzen für die Zunft der Beamten und Schreiber formuliert worden ist, gilt in ähnlicher Form für alle Schichten des Volkes, für alle Berufe und für jeden einzelnen Ägypter. Zwar wird die Menge der Regeln in den seltensten Fällen aufgeschrieben worden sein – die Ausnahme bei der Beamtenschicht erklärt sich von selbst –, sie haben jedoch sicher existiert und wurden tradiert, so wie es oben formuliert worden ist. Auch wir, als sogenannte moderne Menschen, haben selbstverständlich in den Familien gelernt, was Tischsitten sind, und mußten dazu keineswegs ein Benimm-Buch studieren. Man weiß sogar, daß es ein solches gibt, aber es braucht nicht gelesen zu werden, so wenig wie das Grundgesetz. Indem man aufwächst, wächst man auch gleichzeitig in das durch Gewohnheiten geprägte, alles durchströmende Fluidum einer Kultur, hinein.

Auf was es zunächst bei einer solchen Gewohnheitskultur ankommt, ist das möglichst vollständige Vorhandensein aller notwendigen Fähigkeiten. Dafür mußte gesorgt werden, auch dafür, daß keine schon geübten Fertigkeiten verloren gehen konnten. Das kann z.B. im Handwerkerstande dann leicht geschehen, wenn die Aufträge ausbleiben. Die alltäglichen Umgangsformen werden sich leichter erhalten. Das:

«Du sollst nicht sitzen, während ein anderer steht,
der älter ist als du oder höher steht in seinem Range.» [26]

ist auch uns noch wohlbekannt. Auch Grußformen und Formeln leben aus diesen Gegebenheiten. So antwortet ein wohlerzogener heutiger Ägypter auf den «Guten-Morgen»-Gruß mit «ein Morgen voll Licht». Wenn nun der andere auch gut erzogen ist, kommt dann die Gegenantwort: «ein Morgen voll Jasmin». Auch dieser Form kann wieder entgegnet werden, so weit das Gelernte und Geübte eben reicht. Nur ein unerzogener Mensch läßt es beim «guten Morgen» bewenden.

Die Lehren basieren zunächst einmal auf der Autorität ihres Schöpfers. Dieser ist es, der das Wesen der Menschen durchschaut hat und ihnen jetzt helfen will, ihren Lebensweg ohne größere Komplikationen zu gehen. Aber dennoch basieren die Lehren auf einem religiösen Weltbild. Hellmut Brunner hat in der Einleitung zu seiner Ausgabe der «altägyptischen Weisheit» dieses Weltbild trefflich charakterisiert, und so mögen seine Worte hier folgen: [27]

«Dieses Weltbild ist die in der gesamten vorgriechischen und frühgriechischen Zeit geläufige, ja beherrschende und teilweise bis in die Gegenwart geläufige Überzeugung, daß Gott der Welt eine Ordnung gegeben hat – in Ägypten Maat geheißen –, die sowohl das umfaßt, was wir Naturordnung nennen – wie den Lauf der Gestirne, den Wechsel der Jahreszeiten, Pflanzen- und Tierleben, Geburt und Tod –, wie auch die Sozialordnung der Menschen, so die Beziehung der Geschlechter, die vielfältige soziale Ordnung eines Volkes, die Scheidung der Völker nach Hautfarbe und Sprache, schließlich den Tempelkult und selbst die Beamtenhierarchie, die Steuerregelung und sogar Tischsitten. Da die deutsche Sprache keine entsprechende Vokabel besitzt, welche die genannten Phänomene umfaßt, lassen wir Maat unübersetzt stehen: Ordnung, Wahrheit, Recht, Gesittung, alle diese Begriffe bezeichnen nur einen Teil der Maat.

Die Maat ist kein Naturgesetz, denn man kann sie vernachlässigen und übertreten – und tut dies nur zu oft. Maat ist auch nicht durch eine Offenbarung fixiert, vielmehr muß sie dem Lauf der Welt abgelesen werden. Die Beobachtung zeigt, daß sie vom Menschen erfüllt oder mißachtet werden kann, aber sie bleibt dem Menschen immer als Aufgabe gestellt: dem König bei der Regierung und besonders der Rechtsprechung, im Kult mit seinen verzweigten Einrichtungen, und jedem Einzelnen in seiner Lebensführung und in seinem Amt. Alle diese Forderungen der Maat zu erfüllen, wollen die Lehren helfen. Die Maat, welche die Lehren nicht definieren, sondern exemplifizieren, verbürgt Dauer und Bestand sowohl der Welt, dem Staat und der Gesellschaft wie auch jedem einzelnen Ägypter.

Es wäre demnach grundfalsch, den Lehren rein innerweltliche Motive zu unterstellen und diese in einen Gegensatz zur Religion zu bringen. Profan und religiös schließen einander nicht aus, die Maat gehört beiden Bereichen an. ... Es gibt keinen Unterschied zwischen einer höheren, religiös begründeten und einer niederen, weltlichen Seinsweise. In sämtlichen Lehren ... stehen beide ungeschieden, ohne Gegensatz oder Kluft nebeneinander. Diese Einheit ist bedingt durch die Konzeption der Maat.

In der Mythologie gilt Maat als Tochter des Sonnen- und Rechtsgottes Re. ... Mit der Schöpfung ist sie auf die Erde herabgestiegen. Weniger anschaulich würden wir in unserer heutigen abstrakten Sprache sagen, daß in der Welt, der natürlichen wie sozialen, Ordnungsstrukturen angelegt sind, die niemand ungestraft verletzt.

Denn die Maat ist verletzlich, Menschen können gegen sie verstoßen, ja sie neigen dazu. Die Verletzung der Ordnung bleibt aber nicht ungestraft, jedenfalls nicht auf Dauer. Wer die Maat verletzt, bewußt oder unbewußt, wird anecken und zu Schaden kommen.»

Dieser Charakterisierung der Maat von H. Brunner ist nur noch ergänzend hinzuzufügen, wie sich der Ägypter das Wirksamwerden der Maat konkret vorstellt. *«Tue die Maat, damit du auf Erden dauerst»* [28] ist zwar Pflicht eines jeden Menschen auf Erden,

Abb. 1: Das Totengericht. Papyrus Ani.

aber nicht aus irdischen Gründen. Zu den ersten Geschehnissen nach dem Tode gehört das Gerichtetwerden der irdischen Taten durch ein göttliches Gericht (Abb. 1):

«Schlimm ist es, wenn der Ankläger (all)wissend ist.
Verlaß dich nicht auf die Länge der Jahre,
sie überschauen die Lebenszeit in einer Stunde.
Der Mensch bleibt übrig nach dem Sterben,
wenn seine Taten auf einen Haufen neben ihn gelegt sind.
Das Dortsein währt ewig,
daher ist töricht, wer tut, was sie mißbilligen.
Wer aber zu ihnen kommt, ohne Unrecht getan zu haben,
der wird dort sein wie ein Gott,
frei schreitend wie die Herren der Ewigkeit.»[29]

Bei diesem Gericht werden die Verstöße gegen die Maat abgeprüft. Im Bilde erscheint der ganze Vorgang so, daß das Herz des Toten auf der einen Waagschale, gegenüber einer Figur der Maat in der anderen Waagschale gewogen wird. Dabei ist ein göttliches Richterkollegium anwesend. In dieser «Halle der vollständigen Maat» wird nun das 125. Kapitel des Totenbuches, das alle möglichen Sünden einzeln aufzählt, rezitiert. Fühlt sich das Herz an einer entsprechenden Stelle belastet, dann zeigt sich das als Ausschlag der Waage, und Thoth notiert als göttlicher Schreiber die einzelnen Beschwernisse. Das Ergebnis bestimmt dann den weiteren Weg der Seele.

Dieses Kapitel des Totenbuches enthält somit nicht nur die Beschreibung des Gerichts als nachtodliches Ereignis, das allein dazu da wäre, die ‹bösen› Taten zu sühnen, es hat darüber hinaus auch die Aufgabe, alle möglichen und vorkommenden Verfehlungen bis in die genauen Abläufe präzise zu nennen. Da heißt es:[30]

«Ich habe nicht am Beginn jedes Tages die vorgeschriebene Arbeitsleistung erhöht. ...
Ich habe keinen Gott beleidigt.
Ich habe kein Waisenkind an seinem Eigentum geschädigt.
Ich habe nicht getan, was die Götter verabscheuen.
Ich habe keinen Diener bei seinem Vorgesetzten verleumdet.
Ich habe nicht Schmerz zugefügt und niemand hungern lassen,
ich habe keine Tränen verursacht.
Ich habe nicht getötet, und ich habe auch nicht zu töten befohlen;
niemandem habe ich ein Leid angetan.
Ich habe die Opferspeisen in den Tempeln nicht vermindert
und die Götterbrote nicht angetastet;
ich habe die Opferkuchen der Verklärten (= Toten) nicht fortgenommen ...
Ich habe am Hohlmaß nichts hinzugefügt und nichts vermindert,
ich habe das Flächenmaß nicht geschmälert
und am Ackerland nichts verändert.
Ich habe zu den Gewichten der Handwaage nichts hinzugefügt
und das Lot der Standwaage nicht verschoben.
Ich habe die Milch nicht vom Mund des Säuglings fortgenommen,

ich habe das Vieh nicht von seiner Weide verdrängt.
Ich habe keine Vögel aus dem Sumpfdickicht der Götter gefangen
und keine Fische aus ihren Lagunen.
Ich habe das (Überschwemmungs)wasser nicht zurückgehalten in seiner Jahreszeit,
ich habe dem fließenden Wasser keinen Damm entgegengestellt,
ich habe das Feuer nicht ausgelöscht, wenn es brennen sollte.»

Nach einer großen Beteuerung, daß man rein sei, folgen nochmals einzelne Anrufungen an die 42 Totenrichter, die jedesmal von einem Unschuldsbekenntnis begleitet werden. Da wird genannt:

«Ich habe kein Unrecht getan.
Ich habe nicht gestohlen.
Ich war nicht habgierig.
Ich habe mir nichts angeeignet.
Ich habe keine Menschen umgebracht.
Ich habe das Hohlmaß nicht verletzt.
Ich habe nichts ‹Krummes› getan.
Ich habe mir keinen Tempelbesitz angeeignet.
Ich habe keine Lüge gesagt.
Ich habe keine Nahrung gestohlen.
Ich bin nicht aggressiv gewesen.
Ich habe kein Gottesvieh getötet.
Ich habe die zugeteilten Rationen nicht veruntreut.
Ich habe niemanden belauscht.
Ich habe nicht unüberlegt geredet.
Ich habe nicht die Frau eines (anderen) Mannes beschlafen.
Ich habe keine Unzucht getrieben.
Ich habe keinen Schrecken erregt.
Ich habe keinen Schaden gestiftet.
Ich bin nicht hitzig gewesen.
Ich habe keinen Streit entfacht.
Ich bin nicht gewalttätig gewesen.
Ich bin nicht jähzornig gewesen.

Ich habe den König nicht beleidigt.
Ich habe keinen Gott beleidigt.
Ich habe mich nicht über meinen Stand erhoben.
Ich habe meinem Stadtgott keine Schande bereitet. …

(Schlußrede:)

Seid gegrüßt ihr Götter!
Ich kenne euch, ich kenne eure Namen.
Ich soll nicht eurem Gemetzel verfallen,
und ihr sollt das Schlechte an mir nicht aufsteigen
lassen zu diesem Gott, in dessen Gefolge ihr seid (= Osiris).
Meine Verfehlung wird nicht vor euch kommen,
und ihr sollt Recht über mich sprechen vor dem Allherrn.
Denn ich habe im Diesseits das Recht geübt,
ich habe keinen Gott beleidigt,
und kein Vergehen von mir gelangte vor den regierenden König.
Seid gegrüßt, o Götter, die in dieser Halle der vollständigen Maat sind,
in deren Leib keine Lüge ist,
(sondern) die von Maat leben in Heliopolis,
die sich von Maat nähren vor Horus in seiner Scheibe (= Sonnengott).
Rettet mich doch vor dem Baba …
Seht ich bin zu euch gekommen –
kein Unrecht, keine Schuld ist an mir,
nichts Böses ist an mir, kein Zeugnis liegt gegen mich vor,
und niemand gibt es, gegen den ich mich vergangen hätte.
Ich lebe von Maat, ich nähre mich von Maat.
Ich habe getan was die Menschen raten
und womit die Götter zufrieden sind.»

Auffällig an dieser ausführlichen Aufzählung von nichtbegangenen Taten ist zunächst einmal das merkwürdige Streben nach Vollständigkeit. Warum ist das nötig? Müssen denn alle Verfehlungen extra genannt werden, und verleitet nicht gerade diese Nennung zu sündhafter Tat? Als moderner Mensch denkt man doch, daß es genügt hätte, wenn man kurz und bündig erklärt hätte: *«Ich habe nichts Böses getan»* oder *«kein Unrecht ist an mir zu finden»* oder ähnlich Generalisierendes. Sprachlich wäre es doch möglich gewesen, denn Begriffe wie Böses, Verfehlung, Schuld, Unrecht, Vergehen usw. gibt es, sie werden sogar benutzt; wozu dann außerdem noch die konkreten Angaben.

Wenn man den Aufbau des Textes beachtet, ist es allerdings umgekehrt: zuerst werden die konkreten Situationen genannt, dann erst folgen die wenigen zusammenfassenden Aussagen. Dieses Rätsel ist nur zu lösen, wenn man die oben charakterisierten Eigenschaften der Empfindungsseele im Bewußtsein hat. Diese kann überhaupt nur auf konkrete Eindrücke reagieren. Sind solche Reize nicht vorhanden, dann wird auch keine Antwort hervorgelockt. Begriffe wie Unrecht, Böses und Verfehlung können aber niemals von außen an den Menschen herankommen. Er würde daher auch niemals sich in einer konkreten Situation richtig verhalten können, weil bei ihm die entsprechende Antwort nicht aufgerufen würde. Wenn es dagegen heißt: *«Ich habe die Opferkuchen der Verklärten nicht fortgenommen»*, dann wird eine solche Antwort jedesmal dann ausgelöst, wenn der Betreffende durch den Anblick dieser Opferkuchen selbst dazu verleitet werden könnte, der auftauchenden Begierde zu folgen. Das Sehen des Opferkuchens wird sofort mit dem bekannten entsprechenden Verbot verbunden.

Außerdem kommt noch dazu, daß auch das Gedächtnis auf der Stufe der Empfindungsseele zunächst nur von außen aufgerufen werden kann. Deswegen hätte sich der zu Prüfende bei einem allgemeinen Begriff, wie etwa ‹das Böse›, nichts Konkretes vorstellen können. Er hätte vielleicht eine etwas unangenehme Empfindung gehabt, aber keinesfalls eine konkrete Einsicht in seine Schuld. Diese ist ihm nur dadurch bewußt geworden, daß er genau daran erinnert wurde. Bei jedem aufwachsenden Kind einer bestimmten Altersstufe ist diese Art von Gedächtnis wohlbekannt. Wird etwa ein Erst- oder Zweitkläßler zu Hause gefragt, was er denn heute in der Schule gelernt habe, so wird er in den seltensten Fällen gleich eine Antwort wissen. Er wird sich aber sofort daran erinnern, wenn die Lehrerin vor ihm steht oder die Umgebung des Klassenzimmers das Erinnern wieder hervorlockt. Es gibt eben eine Art von Gedächtnis, die von außen erregt wird und noch nicht den eigenen inneren Griff kennt. Selbst den erwachsenen Menschen geht diese Art von Gedächtnis nicht verloren. Man braucht nur daran zu denken, welch bescheidene Sinnesreize dazu ausreichen, ganze Folgen von Erinnerungen hervorzulocken. Subtile Gerüche, aber auch einzelne Blätter aus einem Schulbuch genügen schon, um in das vergangene Kindheitsleben einzutauchen.

Eigentlich gehören die Anweisungen des 125. Kapitels des Totenbuches zu derselben Art von ‹Literatur›, wie die Lehren für das Leben. Sie geben die gleichen konkreten Verhaltensweisen vor, die in den Lehren für die Schriftkundigen formuliert sind, jedoch ohne spezifische Berufsbezogenheit. Und sie entstammen auch demselben ideellen Quellgrund, aus dem das Wirken der Maat hervorströmt. Im Volke waren die Verse sicher gut bekannt gewesen, vielleicht nicht so sehr als auswendig gewußtes Gesamtkapitel, als im täglichen Umgang bei bestimmten Gelegenheiten.

Das tägliche Leben Ägyptens wurde von einer großen Fülle solcher ausgeprägter Vorgaben geregelt. Alles und jedes wurde von dem von klein auf eingeübten und nachgeahmten Verhalten bestimmt, so daß tatsächlich auch keinerlei Freiraum für eigene Initiativen blieb und auch nicht freibleiben durfte. Das hatte Folgen für das Leben des einzelnen Ägypters. Seine Ziele und Lebensaufgaben waren ja auch geregelt. Je harmonischer er mit diesem übereinstimmen konnte, desto mehr erlebte er sein Leben als sinnvoll. Das ist aus den Grabinschriften deutlich zu entnehmen.

Viele der Gräber des 3. Jahrtausends enthalten Beschreibungen aus dem Leben der Grabinhaber. Für uns überraschend ist nun wieder, daß gerade die individuellen Erlebnisse nicht dargestellt werden, also nicht als mitteilenswürdig angesehen wurden, dagegen wird dasjenige hervorgehoben, was von jedem anständigen Ägypter erwartet werden konnte, z.B. das Verhältnis des Grabherrn zu seinen Mitmenschen. Daß auch dieses dem Regelkanon unterliegt, wird schon beim Lesen offenbar:

«Ich gab Brot dem Hungernden,
Wasser dem Durstenden,
Kleider dem Nackten.
Ich setzte den Schifflosen über.»

Das sind Sätze, die in vielen dieser sogenannten ‹Autobiographien› zu finden sind. Manchmal werden noch Ergänzungen hinzugefügt, wie etwa:

«Ich machte ein Schiff dem, der kein Schiff hatte.»
«Ich rettete den Schwachen vor dem, der mächtiger war als er.»
«Ich pflügte für den, der kein Gespann hatte.»
«Ich begrub den Verstorbenen.»
«Niemals raubte ich einem Sohn den Besitz seines Vaters.»
«Ich ergriff nicht die Tochter eines Mannes
und nahm ihm nicht seinen Acker weg.»

Oft werden auch familiäre Verhaltensformen für sagenswert empfunden, wenn es z.B. heißt:

«Ich hatte Ehrfurcht vor meinem Vater,
ich war liebenswürdig gegen meine Mutter.»

oder in anderen Fällen:

«Ich war ein von seinem Vater Geliebter, von seiner
Mutter Gelobter und von seinen Geschwistern Geliebter» o.ä.

Schließlich findet man auch Sätze erzählenden Inhalts in diesen Inschriften:

«Ich bin aus meiner Stadt herausgegangen und
aus meinem Gau herabgestiegen.»
«Ich habe mir dieses Grab aus meinem rechtmäßigen Eigentum errichtet.»

Da alle diese Aussagen nicht nur für *einen* Grabherrn typisch sind, sondern häufig vorkommen, hatte der Herausgeber aller dieser Inschriften, der sie erstmals zusammenfassend bearbeitete, zunächst den Titel dafür gewählt: «Untersuchungen zur Phraseologie der ägyptischen Inschriften des Alten Reiches» [31]. Inzwischen hat man erkannt, daß diese allgemein verbreiteten Regeln den Regeln eines Ideallebenslaufes entsprechen, der mit voller Überzeugung angestrebt worden ist. Man spricht deswegen heute lieber von einer Idealbiographie; deren Elemente sind dann nicht Phrasen, an die man sich gewöhnt hätte, sondern Ideale, die es immer neu zu verwirklichen galt.[32]
Es ist hier nicht der Ort, dem Entstehen und den Veränderungen dieser Art von biographischen Darstellungen in ihre komplizierten Verzweigungen zu folgen, aber eines ist doch schon sichtbar, nämlich, wie eng diese mit den Regeln für das Leben verwandt sind. Und tatsächlich, ein Großteil von ihnen wird später in das Totenbuch übernommen und erscheint dann dort in der Schlußrede des 125. Kapitels als

«Ich habe getan, was die Menschen raten
und womit die Götter zufrieden sind.
Ich habe den Gott zufriedengestellt mit dem, was er möchte:
Brot gab ich dem Hungrigen,
Wasser dem Dürstenden,
Kleider dem Nackten,
ein Fährboot dem Schifflosen.
Gottesopfer habe ich den Göttern,
Totenopfer den Verklärten (= den seligen Toten) dargebracht.»[33]

Diese Lehren für das Leben, die man im eigenen Leben verwirklicht sah, werden alsbald von der ‹Laufbahnbiographie› ergänzt. Auch sie erzählt zunächst nur insofern etwas über den Toten, insofern dieser in Beziehung zum regierenden König oder zu den nacheinander regierenden Königen getreten war. Wieder ist zu beobachten, daß nicht die Eigeninitiative den Ausschlag für eine Beförderung gibt, sondern der tüchtige Beamte wird dann vom König erwählt, wenn er die Regeln, nach denen er sich zu verhalten hat, nun auf höherer Stufe besonders gut beherrscht und sie in Taten umsetzen konnte. Ein besonders schönes und frühes Beispiel für einen solchen Text ist in der «kommentierten Titulatur» des Ptahschepses erhalten, der die meisten Könige der 5. Dynastie überlebte:

«Ein Kind, geboren von seiner Mutter
unter König Mykerinos;
er wurde aufgezogen unter den Königskindern
im Palast des Königs,
in der Residenz, im königlichen Harim:
Hochgeschätzter beim König als jedes andere Kind, Ptahschepses.

Ein Knabe, der die Binde knüpfte
unter König Schepseskaf;
er wurde aufgezogen unter den Königskindern
im Palast des Königs,
in der Residenz, im königlichen Harim:
Hochgeschätzter beim König als jeder andere Knabe, Ptahschepses.

Dann lobte ihn Seine Majestät;
Seine Majestät gab ihm die älteste Königstochter
Chai-Maat zur Frau,
da seine Majestät lieber wollte, daß sie mit ihm
zusammen sei
als mit jedem anderen Manne, Ptahschepses.

Zugehörig zu Userkaf: Hoherpriester von Memphis,
hochgeschätzter beim König als jeder andere Diener;
er stieg ein in jedes Schiff des Palastes,
er betrat die Wege des oberägyptischen Gottespalastes
an allen Festen des Erscheinens, Ptahschepses.

Zugehörig zu Sahure:
Hochgeschätzter beim König als jeder andere Diener
als Geheimrat aller Bauarbeiten,
deren Ausführung Seine Majestät wünschte;
der das Herz seines Herrn täglich beglückte, Ptahschepses.

Zugehörig zu Neferirkare:
Hochgeschätzter beim König als jeder andere Diener;
als Seine Majestät ihn wegen einer Sache lobte,
ließ seine Majestät ihn ihren Fuß küssen,
nicht ließ Seine Majestät zu, daß er die Erde küsse, Ptahschepses.

Zugehörig zu Neferefre:
Hochgeschätzter beim König als jeder andere Diener;
er stieg ein in das Schiff ‹Götterträger›
an allen Festen des Erscheinens,
von seinem Herrn geliebt, Ptahschepses.

Heute unter Niuserre der ewig lebt, sein Schutzbefohlener,
verbunden dem Herzen seines Herrn, geliebt von seinem Herrn,
versorgt von Ptah,
der tut, was sein Gott liebt,
der alle Handwerker unter dem König florieren läßt, Ptahschepses.»

Zu dieser Art von Darstellung bemerkt Jan Assmann sehr treffend [34] : «Das wirkt als Identitätspräsentation eigentümlich einseitig. Wir erfahren nichts von den Taten, Leistungen, Eigenschaften des Ptahschepses, sondern nur von der ihm dafür zuteil gewordenen königlichen Anerkennung. Diese Anerkennung, die Nähe zum König, ist die Sinn-Dimension, auf die hin die Titulatur des Grabherrn kommentiert wird. Das ist in den anderen biographischen Inschriften dieser Zeit – der 5. Dynastie bis Asosis – genauso. Wenn die ägyptische Biographie das überlieferungswürdige und erinnernswerte Bild eines Menschen, seine ‹Persönlichkeit› oder, mit dem griechischen Ausdruck, seine ‹arete› aufzeichnen will als den Inbegriff dessen, was von ihm übrigbleiben und im Andenken der Nachwelt bewahrt werden soll, dann ist klar, daß für diese die Titulatur kommentierenden Biographien der König in vollkommen ausschließlicher Weise das Sinn-Zentrum eines überlieferungswürdigen Lebens darstellt: Nur der König ermöglicht durch seine Anerkennung dem einzelnen Lebensvollzug den Übergang ins Resultative, Bleibende, Aufzeichnungs- und Überlieferungswürdige. Der König verleiht seinen Beamten ihre Biographie und ihre ‹Persönlichkeit›. Persönlichkeit – im Sinne eines denkbaren Gegenstands der Erinnerung künftiger Geschlechter – ist einer nur nach Maßgabe seiner Nähe zum König.»

Obwohl sich die biographischen Inschriften nicht zu allen Zeiten Ägyptens im Rahmen der reinen Ideal-Biographie bewegen, bleibt die Nähe zum König doch stets erhalten. Außer in den Zeiten des Verfalls der Königsmacht ist und bleibt der Ägypter auf den Pharao, als dem geistigen Zentrum Ägyptens, ausgerichtet. Von ihm erhält er seine Aufträge, von ihm erhält er Stellung und Rang, und von ihm erhält er Belohnung und Anerkennung: In den Worten

«Ich war ohne Tadel im Herzen Seiner Majestät,
ich war verwurzelt im Herzen Seiner Majestät,
das Herz Seiner Majestät war mit mir erfüllt.»[35]

ist dieses intime Verhältnis eines Untergebenenen zu seinem Herrn in fast poetischer Weise formuliert worden.

Heutzutage findet der Mensch sein Selbstbewußtsein aus seinem eigenen inneren Zentrum heraus. Der Ägypter dagegen unterstand einem äußeren Zentrum. Die Lebens-Sicherheit und das eigene ‹Selbstbewußtsein› wird damit aus der als wohltuend empfundenen Geborgenheit gewonnen, die eine Gesellschaftsordnung gibt, die im Königtum ihren Mittelpunkt hat. Erst dessen Zerfall eröffnet dann die Möglichkeit für eigene Innenwelten. Die Literatur des Mittleren Reiches, die nach dem ersten großen Zusammenbruch des ägyptischen Staatswesens entstanden ist, handelt großenteils von der Vereinzelung des Menschen und seiner Sehnsucht nach der einstigen Geborgenheit. Diese ist das Ideal des Ägypters, aus ihr herausgefallen zu sein, war für ihn ein großes Unglück.[36] So klagte Sinuhe, den es durch eine Folge merkwürdiger Umstände nach Palästina verschlagen hatte und der sich dort eine angesehene Stellung erwarb:

«O Gott, wer du auch seiest, der diese Flucht bestimmt hat, sei gnädig und bringe mich wieder in die Residenz! Sicherlich wirst du mich den Ort wieder sehen lassen, an dem mein Herz (immer) weilt; denn was gibt es Wichtigeres als daß ich in Ägypten bestattet werde, da ich doch dort geboren bin? ... Möge mir der Gott Gnade erweisen; möge er entsprechend handeln, um das Ende dessen, den er erniedrigt hat, würdevoll zu gestalten, indem er Mitleid hat mit dem, den er im Ausland zu leben gezwungen hat. ... Möge mir der König Ägyptens gnädig sein, damit ich in seiner Gnade leben, damit ich die Landesherrin, die in seinem Palaste ist, begrüße und damit ich die Aufträge ihrer Kinder höre!»[37]

Obwohl der Lebenslauf des Sinuhe nun tatsächlich ein ganz origineller ist, sehnt sich der Erleider dieses Schicksals doch danach, die Originalität gegen die allgemeine Norm vertauschen zu dürfen. Er wünscht sich nichts dringlicher, als in einem Grab in Ägypten bestattet zu werden. Und für diesen Ort hat er seine Biographie verfaßt. Den Nachfolgenden zur Lehre! So Individuelles die Grabinschriften zunächst auch zu erzählen haben, so allgemein ist doch ihre Aufgabe. Jan Assmann, der beste Kenner der Gräberhymnik des Neuen Reiches, hat gerade diesem Aspekt seine besondere Aufmerksamkeit gewidmet; er schreibt: «Eine Grabinschrift ist immer ‹individueller› als eine beliebige Bezeugung eines literarischen oder sonstwie kanonischen Textes. Diese Indi-

vidualität kommt den Inschriften von der Institution her zu, der sie ihre Aufzeichnung verdanken: dem ägyptischen Grabgedanken. Jedes ägyptische Grab (womit hier natürlich, wie üblich, nur das dekorierte Steingrab gemeint ist) ist ‹individuell›, insofern es einen Akt individueller Selbstdarstellung und Selbstbewahrung darstellt. Aber das Individuum, das sich in diesem Grab ein Denkmal setzt, versteht sich ganz von seinem gesellschaftlichen Aspekt her: als Träger von Rolle und Status und Verkörperung allgemeiner Normen. So ist das Grab zwar einerseits ein Akt der Selbstdarstellung einer ‹Persönlichkeit›, andererseits aber auch Ausdruck der Identifikation des Ich mit einem über-individuellen Menschenbild im allgemeinen sowie mit Rolle und Status eines Grabherrn› (eines ‹Wohlausgestatteten›) im besonderen. Daraus erkärt sich, daß die Gräber sich untereinander meist sehr ähnlich sehen, daß dieselben Szenen und Texte in verschiedenen Gräbern vorkommen, daß Gräber usurpiert werden können.»[38]
Wieder wird es nun auch niemanden überraschen, wenn er vernimmt, daß die Gräber nur vom Könige vergeben werden. Sie sind die äußere Bezeugung für die Gunst, in der ein Mensch beim König steht und damit auch im Ansehen der gesamten sozialen Umgebung.

«Seine Majestät ließ einen Gottessiegelbewahrer überfahren
zusammen mit einer Mannschaft von Matrosen
unter seinem Befehl,
um mir diesen Sarkophag zu bringen aus Tura.
Er kam mit ihm zurück,
in einer großen Barke der Residenz,
und zwar zusammen mit seinem Deckel, einer Scheintür,
einem Türsturz, zwei Pfosten und einer Opferplatte.»[39]

Das übrige Grab wurde offenbar aus dem am Ort gebrochenen Stein aufgemauert. Aber für die Inschriften und Bilder suchte man den kostbaren und schönen Tura-Kalkstein zu erhalten, den man leicht und gleichmäßig bearbeiten konnte.

Der Pharao ist und bleibt Grundlage und Bezugspunkt des ägyptischen Weltempfindens, so wie der von ihm verliehene Stein die Grundlage für eigene Lebensbilder und Tatenschilderungen abgibt.

Der Kunst-Kanon

Was in den Lebenslehren in schriftlicher Form für den Berufsstand der Beamten ausgesagt wurde, galt sicherlich, in entsprechend modifizierten Regeln, für alle Arten von Arbeiten. So wie es ‹Lebenslehren› gab, so gab es auch ‹Berufslehren›, nur mit dem Unterschied, daß sie immer nur mündlich tradiert wurden. Selbst heute noch wird in jedem Handwerk der Schatz alter Erfahrungen an den Lehrling weitergegeben, ohne jemals schriftlich fixiert worden zu sein. Im eigentlichen Berufsleben wird doch das eingeübte Verhalten immer wieder musterhaft angewendet und sein Sinn am schönen Ergebnis erwiesen. Erst wenn die Techniken sich ändern, werden an die Lernfähigkeit des Handwerkers nicht selten große Anforderungen gestellt. Denn jetzt müßte er ändern, was er lebenslang geübt hat. Doch wie oft wird diese Änderung verweigert. «Das haben wir schon immer so gemacht» ist häufig zu hören, wenn Verbesserungsvorschläge durch ältere Meister zurückgewiesen werden. Die Regeln und Handfertigkeiten prägen sich durch Üben ein und gehen über in den Gewohnheitsleib des Menschen. Dadurch werden sie teilweise aus dem wachen Bewußtsein entlassen, das dann nur noch kontrollierend und korrigierend eingreifen muß.
In Ägypten waren nicht nur die Arbeitsabläufe geregelt und musterhaft vorgegeben, sondern auch die Formen der Werkstücke selbst. In Musterbüchern und Musterstücken war schon festgelegt, wie das fertige Objekt auszusehen hat und wie es herzustellen ist. Der eigene schöpferische Spielraum war gering, wurde aber im Rahmen des Möglichen so weit ausgenutzt, daß niemals zwei ganz

Figur 1: Inschrift Amenemhets III.(nach Hornung)

identische Bilder, Plastiken oder Werke zustande kamen. Es könnte sogar eine Regel gegeben haben, vollständige Symmetrie zu meiden. Bei Symmetrie-Aufgaben ist wenigstens ein Wort mit anderen Hieroglyphen geschrieben worden, wenn nicht sogar der Text geändert worden ist.[40](Figur 1) Wie es in der orientalischen Teppichknüpftradition zur Kunst gehörte, eine tadellose Symmetrie zu vermeiden, damit die Teppiche nicht wie tote, mechanische Gebilde aussehen, so muß eine ähnliche Anweisung auch schon für Ägypten bestanden haben. Aber wie eng ist doch der Rahmen! Jahrhundertelang hatte der feste Formenschatz Bestand und unterlag kaum Änderungen, ja oft nicht einmal stilistischen Schwankungen – und das gilt für viele Bereiche.

Wenn ein Werkstück nur bruchstückhaft erhalten ist, so daß die zugehörige Inschrift fehlt, dann ist es in der Regel ziemlich schwierig, das Objekt genau zu datieren. Ein Musterbeispiel dafür ist der sog. Stockholmer Königskopf, für den Entstehungsdaten von der Mitte des dritten Jahrtausends bis ins siebte vorchristliche Jahrhundert vorgeschlagen wurden. Wenn die Inschrift fehlt, die den Namen nannte, dann bleibt in der Regel (Blütezeiten ausgenommen) nur noch das Muster. Wie weit die Ähnlichkeit wirklich reicht, soll hier an einigen Beispielen verdeutlicht werden:

Als erstes seien die Sitzstatuen von Königen in den Blick genommen. Wie alle Plastiken sind auch diese streng in die bedeutungsvolle Gesetzmäßigkeit der drei Dimensionen eingebunden. Aus einem kubischen Block wurden sie herausgeformt und auf einen kubischen Raum waren sie auch bezogen. Durch nur wenige, doch wohl definierte Zeichen ward die Sitzstatue zum Königsbild: durch das Königskopftuch mit der Uräusschlange auf der Stirn, den Kultbart am Kinn und den Stierschwanz zwischen den Beinen. Diese riefen dann unmittelbar die Reaktion im Betrachter hervor, daß es sich hier um ein Bild des Königs handeln müsse, genauer gesagt um das Bild *eines* Königs. Welchen wirklichen König es nun real.darstellen sollte, das wurde erst durch die Inschrift bestimmt. Persönliche Ähnlichkeit, das Alter des Pharaos, zufällige individuelle Eigentümlichkeiten des Herrschers wurden als untypisch vermieden.(Abb. 2 – 4) Wesentlich war nur die Rolle, die der Pharao in der Gesellschaft zu erfüllen hatte, sie wurde im Typus repräsentiert und durch die Zeichen kenntlich gemacht. Jeder Ägypter konnte sie lesen und auch verstehen. Die Statuen wurden wie große, plastische Schriftzeichen begriffen, allerdings in bedeutungsvoller Umgebung wie in einem bedeutungsvollen Kontext.

Es ist selbstverständlich, daß es bei einer solchen Auffassung von der Bedeutung der Plastiken keine individuellen Künstlerpersönlichkeiten in unserem Sinne gegeben haben kann. Die meisten Statuen sind deshalb sicherlich von mehreren Handwerkern, deren ‹Werkstatt› den Auftrag auszuführen hatte, hergestellt worden. Wie stark das Bestreben war, gute Arbeit zu leisten, d.h. so wenig wie möglich vom vorgegebenen Muster abzuweichen, das zeigen die erhaltenen Statuen, die tatsächlich über Jahrhunderte hinweg ohne größere Änderungen produziert wurden. Zwischen der Herstellung der Statue des Chefren und derjenigen von Thutmosis III. verging ein Zeitraum von über tausend Jahren – und wie wenig hat sich in dieser Zeit für die Handwerker geändert!

Dieses Phänomen wäre für die europäische Menschheit kaum zu

Abb.2: Sitzstatue des Chefren (um 2500 v.Chr.)

Abb.3: Amenemhet III.
(um 1800 v.Chr.)

Abb.4: Thutmosis III.
(um 1450 v.Chr.)

verstehen, wenn man nicht die völlig andersartige Bewußtseinslage der Ägypter berücksichtigen würde. Denn nur dann wird klar, was auch bei den Lebenslehren schon deutlich wurde, daß es durchaus kein Bestreben des Ägypters gegeben haben kann, bewährte Modelle ändern zu wollen. Damit ist natürlich nicht gemeint, daß sich in einer so langen Zeit, die dem Zeitraum von Karl dem Großen bis zu uns entspricht, die Kultur nicht doch

Abb.5: Amenophis II. vor Hathor. *Abb.6: Haremhab vor Hathor.*

gewandelt haben muß. Aber während dieses ganzen Prozesses wurde sorgfältig darauf geachtet, daß die Grundlagen, auf der diese Kultur beruhte, in ihren wesentlichen Prinzipien möglichst nicht angetastet wurden.

Ein zweites Beispiel für denselben Charakterzug der ägyptischen Kultur sei hier an einem Bild der Göttin Hathor (Abb. 5 – 7) gegeben. Ein festgelegter Kanon gibt die Proportionen an für die menschliche Gestalt, die dann von Musterbüchern ausgehend und mit Hilfe eines Quadratnetzes (Abb. 8) Punkt für Punkt auf die Wand übertragen werden. Aber nicht nur die Proportionen der Figuren, auch deren Darstellungsweise ist bis in Einzelheiten hinein kanonisch festgelegt. So wird zum Beispiel die menschliche Gestalt mit dem Kopf im Profil, mit den Schultern frontal und unten wieder von der Seite abgebildet. Dadurch wird es dem

Abb.7: Sethos I. vor Hathor und vor Osiris.

Zeichner möglich, die Ausdehnung der Menschengestalt in die drei Raumesrichtungen, auf die sich die Proportionen beziehen, auch wirklich zu zeigen. Darüber hinaus sind dann auch ganze Figuren, ja ganze Szenen wie zu Schriftzeichen erstarrt. Als solche werden sie hinfort fast unverändert tradiert. Dieser Erstarrungsvorgang ist besonders bei denjenigen Figuren und Szenen zu beobachten, die dem Ägypter wesentlich waren und deren Inhalt er nicht aus der Sinnenwelt kannte. Immer dann, wenn Götter auftreten oder der Pharao in einer heiligen Handlung gezeigt werden soll, darf an der Form des Musters nichts geändert werden. Der Gott oder die Göttin müssen an ihren Zeichen und Attributen eindeutig zu erkennen sein. Hathor z.B. trägt auf ihrem Haupt ein Kuhgehörn mit der Sonnenscheibe; Osiris wird mumiengestaltig abgebildet, mit der Krone Oberägyptens auf dem Haupte und

Abb.8: Horus, mit Spuren des Quadratnetzes. Aus der Kapelle Ptolemäus I.

den Herrschaftszeichen in den Händen. Nur wenige charakteristische Zeichen sind zu lernen, und schon kann man die ägyptischen Götter auf Bildern erkennen. Das macht auch die Freude eines nicht geringen Teiles der Ägyptentouristen aus, daß sie die Götter alsbald wiedererkennen und selbst benennen können. Eine Ahnung von Wissen keimt auf bei dieser allerersten Erkenntnisstufe, ein Wissen, das auf dem richtigen Erkennen eines Buchstabens beruht. Aber erst der Zusammenklang des einen Lautes mit anderen ergibt das Wort, das in diese stummen Bilder verschlossen ist. Es hören zu können, bedarf in der Regel eines tieferen Studiums als nur des oberflächlichen Lernens von Zeichen.

Vergleicht man die verschiedenen Hathorbilder untereinander, dann zeigt sich recht deutlich, wie weit das festgelegte Muster, das unbedingt erkennbar bleiben mußte, reicht. Die primären Merkmale wie Gestalt und Zeichen durften selbstverständlich nicht verändert werden, sonst ginge ja die Erkennbarkeit verloren. Aber an dem, was nicht so wichtig ist, wie dem Ornament des Gewandes, dem Schmuck, der modischen Form der Perücke, daran konnte sich die Phantasie des ‹Künstlers› noch frei betätigen. War dieser selbst ein Kenner der Schrift, dann konnte er sogar die Formen noch etwas freier behandeln, weil er dann sicher die Grenze abschätzten konnte, die unbedingt nötig war, um eine gelernte Form als solche wiederzuerkennen. So kann es z.B. vorkommen, daß Hathor nicht nur in Menschenform mit Gehörn und Sonnenscheibe dargestellt worden ist, sondern ganz kuhgestaltig oder sogar als Mensch mit Kuhkopf. Die Sonnenscheibe durfte jedoch niemals fehlen, sonst hätte man an eine ganz normale Kuh denken können.

Als letztes der Beispiele, die zeigen sollen, wie weit die musterhafte Festlegung der ägyptischen Bilderwelt normalerweise reicht, sollen hier noch einige ausgewählte Szenen verglichen werden, die in fast allen Beamten-Gräbern Ägyptens dargestellt sind: nämlich Mann und Frau am Opfertisch (Abb. 9 – 12). Diese Komposition, die schon seit der Blütezeit des Alten Reiches, also seit der Mitte des dritten Jahrtausends die Grabwände ziert, spielt an auf die nachtodliche ‹Versorgung› durch Opfergaben, von denen sich die Toten nähren. Die Erklärung dieses Grundbildes und die ganze damit verbundene Problematik soll erst in einem späteren Kapitel folgen. Hier interessiert uns zunächst nur die kanonische Festlegung der äußeren Erscheinung und ihre nahezu unverändert tradierte Fortzeichnung durch Jahrhunderte. Ist es doch wieder ein schönes Beispiel für ‹Genese und Permanenz› in der ägyptischen Bildtradition.

Der Aufbau der Szene mit dem Speisetisch und dem Nebeneinandersitzen des Grabherrn und seiner Gemahlin ist schon von Anfang an derselbe. Veränderlich ist nur das Kolorit, die kleinen Attribute wie etwa die Blumen oder der Strauß, die Gegenstände unter dem Stuhl, das Taschentuch oder das Würdezeichen usw. Die Grundgesten des Mannes mit dem ausgestreckten und dem angewinkelten Arm und seiner Frau mit dem liebevollen Umgrei-

Abb.9: Aus der Mastaba des Seschem-Nefer (5.Dynastie).

Abb.10: Aus dem Grab des Ramose (18.Dynastie).

Abb.11: Aus dem Grab des Senefer (18.Dynastie).

Abb.12: Aus dem Grab des Pairi (18.Dynastie).

fen ihres Gatten bleiben durch alle Zeiten erhalten und lassen die Szene sofort als das zentrale Ereignis einer jeden Grabdekoration erscheinen.

Zusammenfassend kann gesagt werden, daß alle Bilder und Plastiken, die zu der normalen Ausstattung von Gräbern und Tempeln gehören und deren Bedeutung jenseits eines bloßen Nachschaffens von äußeren Gegebenheiten liegt, aus einem festgelegten Schatz von Grundmustern entnommen sind. Sie werden jeweils treulich kopiert, allerdings mit kleinen Abweichungen, die jedoch niemals den Grundbestand der ganzen Figur oder der ganzen Szene antasten. Gewiß ist aber auch, und darauf soll später nochmals eingegangen werden, daß ein solches musterhaftes Verhalten dann nicht gilt – wenigstens in den Blütezeiten der ägyptischen Kultur ist es so –, wenn äußere Ereignisse besonderer Art, auf die der Grabinhaber Wert legt, abgebildet werden sollen. Da gibt es immer wieder neue und überraschende Ansichten von bisher unbekannten Szenen (Abb.13) mit zum Teil sogar originellen Beischriften. Je weiter allerdings die ägyptische Kultur fortschreitet, desto größer wird die Last des traditionellen Formenschatzes und desto seltener erscheinen noch originelle Darstellungen. Zuletzt, und das bildet den Ausklang der ganzen Entwicklung, wird nurmehr auf das schon Dagewesene zurückgegriffen, bis hin zu vollständigen Kopien ganzer Szenenfolgen. Diese Neigung zur Erstarrung hat allerdings den Vorteil der leichteren Erkennbarkeit. Bilder, die einem immer wieder begegnen, werden allmählich nur noch kurz registriert, sie wecken nicht mehr das Interesse für Einzelheiten. Es ist wie bei der Schrift: die einzelnen Zeichen werden in ihrer Bedeutung erkannt, aber sie verlieren ihren Eigenwert. Nur im Zusammenhang haben sie noch Sinn, – und nur auf diesen kommt es noch an.

Wenn man zuletzt den Blick vom Ende der ägyptischen Kulturentwicklung nochmals auf deren Ausgangspunkt zurücklenkt, dann stellt man mit Erstaunen fest, daß ein Großteil der ägyptischen Formen, einschließlich ihrer Proportionen und Darstel-

Abb. 13: Aus dem Grab des Nianchchnum, Sakkara. Bezwingung eines Rindes.

lungsweisen, schon von Anfang an in gleicher Art auftauchen. Das war die große Überraschung nach einer ausführlichen Untersuchung über den ägyptischen Proportionskanon. [41] Der hatte sich nämlich ausdrücklich nicht, wie man von unserer Kultur ausgehend hätte vermuten können, allmählich entwickelt, sondern er bestand von Anfang an und war untrennbar verschmolzen mit dem ägyptischen Darstellungsstil. Das Rätsel vom Entstehen der ägyptischen Kultur wird durch diese Entdeckung nur noch größer.

Bild und Schrift sind in Ägypten, schon von den ältesten Zeiten an, eng miteinander verbunden. Fast alles, was in Bildern auf Wänden und Gegenständen aufzufinden ist, wird von Schriftzeichen begleitet. Und umgekehrt: alles, was mit den sogenannten Hieroglyphen aufgeschrieben wird, besteht aus bildhaften Zeichen. Da dieser Zusammenhang sehr auffällt, soll er hier zunächst genauer angesehen werden. Denn es gibt wohl kaum ein anderes Element der ägyptischen Kultur, das so geeignet wäre, gerade ihr Charakteristisches und Besonderes so eindeutig zu zeigen, wie Schrift und Bildlichkeit.

Die ägyptische Schrift scheint auf den ersten Blick eine Bilderschrift zu sein. Denn alle Zeichen bestehen aus Bildern und dazu noch aus solchen, die man kennt oder kennen könnte, wenn man im damaligen Ägypten aufgewachsen wäre. Zwar sind die einzelnen Formen nicht gleichmäßig der Welt der Sinneserscheinungen entnommen – die Welt der Tiere und dort vor allem die der Vögel ist augenscheinlich bevorzugt worden –, aber insgesamt ist die ganze Fülle der Alltagsbilder, von Stöcken und Seilen, Segeln und Schiffen, Pflanzen, Tieren und Menschen, in das System der Schrift aufgenommen und in unveränderliche, sehr genau unterscheidbare Ansichten ausgeprägt worden. Diese ungeheure Vielfalt – für das klassische Mittelägyptisch hat man über 700 solcher Zeichen verwendet –, wird nun im allgemeinen nicht, wie man erwarten würde, als Bilderschrift gelesen, so daß die Bilder auch das bedeuten würden, was sie darstellen, sondern vornehmlich als Lautschrift! Erst 1822 gelang es Jean François Champollion, dieses Rätsel zu lösen, nachdem er, gegen alle anderen Entzifferungsversuche, der vermuteten Lautbedeutung dieser Schrift in seinen Forschungen nachgegangen war.

Um die Größe dieser Entzifferungsleistung richtig einschätzen zu können, soll hier an einem Beispiel auf die Kompliziertheit dieser Schrift aufmerksam gemacht werden (Abb.14). Zuvörderst ist

Abb. 14: Hieroglyphen aus dem Grab des Cheriuf.

dabei zu bemerken, daß nicht alle Zeichen von gleicher Art sind. «Denn die ägyptische Schrift ist bereits im Stadium ihrer Erfindung ein gemischtes System von Laut- und Bildzeichen. Traditionell unterscheidet man *Ideogramme* (Zeichen, die als der dargestellte Gegenstand zu lesen sind, auch *Logogramme* genannt), *Phonogramme* (Zeichen, die als einzelner Konsonant oder als eine Folge von zwei bis drei Konsonanten zu lesen sind – Vokale werden nur bei Fremdnamen angedeutet) und *Determinative* (Zeichen, welche die Bedeutungsklasse eines Wortes angeben und nicht zu lesen sind).» [42] Wie das im Alltag funktioniert, können wir anfänglich an dem Ausschnitt aus einer längeren Inschrift sehen: Sie beginnt oben mit einer Gans, die sa gelesen wird. Daneben befindet sich das Bild einer Brotform, die dem Lautwert t entspricht. Sa und t geben also zusammen sat, ein Wort, das «Tochter» heißt (was wirklich nichts mit einer Gans zu tun hat). Die Schlange = f. Bisher heißt also unsere Lautfolge sat.-f. In diesem Falle ist das f als Suffix das Possessivum für die 3. Person Singular, und sat-f heißt damit: «seine Tochter». Schwieriger ist die nächste Zeichengruppe zu lesen, denn dazu muß man wissen, daß es gewisse Konventionen gibt, die sich beim Schreiben eingebürgert haben, und die sich nicht rational erklären lassen. In unserem Falle werden nämlich nicht alle geschriebenen Zeichen auch gelesen und das, obwohl sie zu den Phonogrammen gehören. Liest man als Ägypter die ganze folgende Zeichengruppe, so ergibt sich das Wort «Maat» (mꜣʿt), was der Name der anfangs erwähnten Göttin ist. Die Lautfolge setzt sich zusammen aus  = maa (mꜣʿ),  = ma (mꜣ),  = t,  = a (ʿ) und dem Sitzbild der Göttin als Determinativ, also ohne phonetisches Komplement. An und für sich würde das Dreikonsonantenzeichen 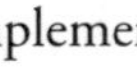 schon genügen, um die Laute maa zu schreiben, das  (ma) und das 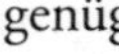 (a) hat man aber irgendwann zur Verdeutlichung eingefügt, und ab dann wurde Maat immer so geschrieben, wie wir es hier vorfinden. Der Schreiber hat sich also nicht etwa das Prinzip der Schrift eingeprägt, denn dann hätten ihm ja, um eine beliebige Lautfolge schreiben zu können, nur wenige Zeichen genügt, sondern er hat jedes Wort als ganzes Wort gelernt und das so oft geübt, bis ihm das komplette Muster zur Gewohnheit geworden ist. Dieses erfaßt er auch im Lesen als Ganzes. In unserem Fall ist der Sinn der Hieroglyphen also: seine Tochter Maat. Damit ist weiterhin klar, daß im Kontext vom Sonnengott die Rede sein muß, denn Maat ist seine Tochter.

Hat man, als altägyptischer Schreiber, solche Übungen lebenslang praktiziert, dann wird auch lebenslang die Fähigkeit zur Abstraktion geübt. Man sieht schließlich gar nicht mehr das, was wirklich da ist, sondern antwortet auf den auslösenden Reiz sofort mit dem traumhaften, eingeübten Verhalten. Daher ist es uns auch nicht verwunderlich, wenn wir hören, daß die ägyptischen Schüler ihre Schrift niemals analytisch, als einzelne Zeichen, gelernt haben. Sondern sie schrieben von vornherein Wörter, ja wahrscheinlich ganze Sätze. Hellmut Brunner hat in seinem Buch über altägyptische Erziehung [43] sorgfältig aufgewiesen, wie man sich den Vorgang der Schriftaneignung vorzustellen hat, und dies geht völlig ohne das dem Europäer gewohnte analytische Denken. Die Schüler lernen zuerst den später zu schreibenden Text auswendig und ahmen dann nach, was ihre Vorlage zeigt. Das musterhafte Verhalten wird mit der gleichen Methode eingeübt wie auch in der gesamten übrigen Kultur. Dabei spielt wieder das Vorbild die herausragende Rolle. Im Alltag hat der Schüler dem Lehrer zu folgen, der die ganz natürliche Autorität darstellt. Dieser kann dann auch unumwunden sagen:

«*Alles, was in dieser Buchrolle aufgeschrieben steht, das nehmt so auf, wie ich es gesagt habe. Geht nicht über das hinaus, was darin angeordnet ist.*»[44]

Noch etwas einfacher heißt dieser Aufruf zur Nachahmung so:

«*Höre meine Stimme; … laß nicht nach in deiner Aufmerksamkeit auf das, was ich dir zu sagen im Begriff bin! Mache es wie ich …*»[45]

In der altbekannten Lebenslehre des Ptachhotep, von der wir oben schon hörten (vgl. S. 47), ertönte diese Ermahnung etwas vornehmer:

«*Wenn du auf das hörst, was ich dir gesagt habe, dann wird dein ganzes Verhalten dem der Vorgänger entsprechen.*»

Diese normalerweise unbewußte Aneignung und Anwendung der Hieroglyphenschrift gilt wieder nicht uneingeschränkt. Denn es gibt erstens das Phänomen, daß die Rechtschreibung immer wieder verbessert oder zumindest verändert worden ist, und zweitens, daß immer wieder Geheimschriften auftauchen, die in den Königsgräbern, auf Papyri und in späten Tempeln davon Zeugnis geben, daß die Prinzipien des Schrift-Erfindens nie ganz verlorengegangen sind. Es muß also wenigstens eine kleine Gruppe von Menschen gegeben haben, die zu analytischem Denken fähig waren und dies auch gezeigt haben. Allerdings treten solche besonderen Schriften nur in denjenigen Bereichen auf, die dem Götterwissen zugehören, dessen Heiligkeit man damit vor Profanierung bewahren wollte. Die Geheimnisse sollten bei denen bleiben, die sie würdigen und verstehen konnten. Die anderen blieben so von einem Mißbrauch dieser Texte ausgeschlossen, obwohl sie sich diese in Verfallszeiten ohne Verständnis angeeignet haben. Auch hier stoßen wir wieder auf fundamentale Bewußtseinsunterschiede, die den geistigen Bereich des Königs von dem des Volkes scheiden. Denn der König gehört zu den wenigen, die *«die geheimnisvolle Schrift der Unterwelt, die nicht gekannt wird von irgendeinem Menschen, außer dem Erlesenen»*[46] wirklich kennen.

Dieser Unterschied zwischen dem Bewußtsein des Volkes und dem seines Pharaos wird wohl nirgends deutlicher als in den Bildern der Königsgräber. Was da an bildhaften Darstellungen zu finden ist, geht weit über die Inhalte der sogenannten Edlengräber hinaus, insofern sie nämlich die Bilder des Alltagslebens, das in so reichem Maße die Gräber der Vornehmen schmückt, überhaupt nicht mehr enthalten, dagegen diejenigen Inhalte bevorzugt darstellen, die das Leben nach dem Tode kennzeichnen. Hier kann es sich nicht mehr um Bilder aus der Wahrnehmungswelt handeln, dementsprechend folgerichtig setzen sie dann auch die Kenntnis innerer Welt- und Seelenvorgänge voraus. Nur wer diese erlebt hat, dem können auch solche Bilder etwas sagen.

«Wer diese Worte kennt, welche die unterweltlichen Götter zu diesem Gott sprechen, und die Worte, die zu ihnen spricht dieser Gott, ist einer, der sich den Unterweltlichen nähert.» «Wer es kennt, ist einer, der in der Sonnenbarke ist.» «Wer diese Bilder kennt, ist ein Ebenbild des großen Gottes selbst.»[47]

Immer von neuem wird darauf hingewiesen, daß es sich hier nicht einfach um das Schema Reiz und Antwort handeln kann, sondern um Kenntnisse, die der Betreffende (in der Regel nur der König) aus dem Erleben der Götterwelt selbst geschöpft haben muß.
Die Vignetten sind damit nichts anderes als Zusammenfügungen ganzer Themenkomplexe, die, wenn die ursprünglichen Erlebnisse vorhanden sind, zum Vergegenwärtigen dieser Erlebnisse hilfreich sind. Zu diesem Bereich gehören auch alle unsere sogenannten abstrakten Begriffe, denn diese können nirgends in der äußeren Welt auftauchen und durch Sinne wahrgenommen werden: Maß und Zahl, Farbe und Form, Raum und Zeit sind nur innerlich zu «schauen»; sie setzen ein denkendes Bewußtsein voraus. Auch hier ist es wieder überraschend zu entdecken, daß gerade diese Begriffe in den Unterweltsbüchern ins Bild gebracht worden sind. Erik Hornung, der wohl am tiefsten in diese Art von ‹Literatur› eingedrungen ist, forscht weiter nach und ist dabei, die Bildgedanken zu entziffern. In einer einführenden Darlegung dieses Phänomens wählt er sich, um ein Beispiel zu geben, den Begriff der ‹Zeit›. «In ägyptischen Texten finden wir nirgends eine Definition der Zeit, sondern allein bildhafte Beschreibungen, wonach die Stunden als wichtigste Zeiteinheiten ‹geboren› und wieder ‹verschlungen› oder ‹verborgen› werden, ganz entsprechend den bildlichen Darstellungen, welche die verfügbaren und

Abb. 15: Aus der vierten Stunde des Pfortenbuches. Grab Ramses I.

meßbaren Zeitquanten einem Bild der gesamten, unverfügbaren und unabsehbaren Zeit oder ‹Ewigkeit› gegenüberstellen. Wer über ägyptische Zeitvorstellungen spricht, muß sich in erster Linie an Bilder halten, an Bilder der Sprache und Bilder der religiösen wie künstlerischen Vorstellungskraft; ... Aber wie die ägyptische Sprache erst gelernt, die Schrift entziffert werden muß, so sind auch diese zusätzlichen Informationsträger stumm, solange sie nicht entschlüsselt sind. Wenn wir eine Schlange dargestellt sehen (Abb. 15), die auf jeder Seite von sechs Frauengestalten eingerahmt ist, so wissen wir nicht auf Anhieb, daß hier die Zeit und die zwölf Stunden des nächtlichen Sonnenlaufes gemeint sind, und wir dürfen die Bedeutung ‹Zeit› auch nicht auf jedes andere Schlangenbild übertragen. Was wir vorab brauchen, sind weitreichende und möglichst gut gesicherte Kenntnisse der ägyptischen Religion und Denkweise, denn diese Bilder waren ja für Menschen bestimmt, die darin zu Hause waren; und wegen der Vieldeutigkeit und Vielschichtigkeit der Bilder müssen wir immer, um Irrwege zu vermeiden, auch den Kontext berücksichtigen, in dem sie stehen. Hier, angesichts ägyptischer Bildaussagen, können

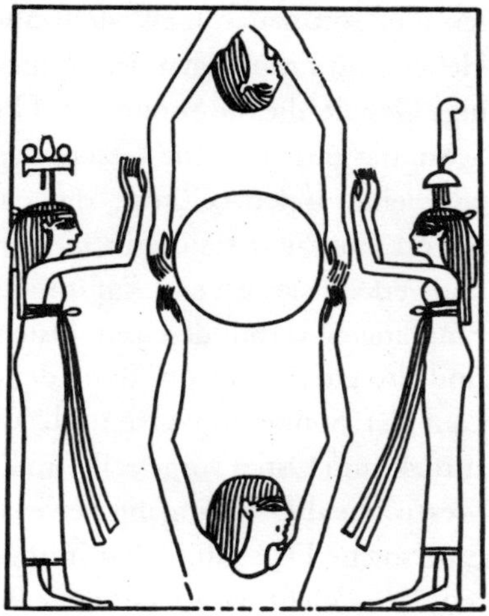

Figur 2:
Vignette aus dem Papyrus von Padiamon (21.Dynastie) nach Piankoff-Rambova.

wir Athanasius Kircher und den anderen Gelehrten vor Champollion folgen, die nach der symbolischen Bedeutung der Bilder fragten; es war ihr Verhängnis, daß sie mit dieser Frage vor allem an die Bilder der ägyptischen Schrift, an die Hieroglyphen herangingen, die überwiegend eine buchstäbliche und nicht symbolische Bedeutung haben. So mußten sie scheitern, weil sie zur Entschlüsselung den falschen Schlüssel benutzt haben. Aber heute bald 160 Jahre nach der Entzifferung der ägyptischen Schrift durch Champollion, steckt eine zweite Entzifferung immer noch in den Anfängen: die Bilder der ägyptischen Kunst und Religion sind nur zum Teil in ihrer Bedeutung erschlossen ...»[48]
Um ein einfaches Beispiel anzuführen – das zwar nicht aus den Königsgräbern stammt, aber zu derselben Literaturgattung gehört und sich auf dieselben Zusammenhänge bezieht –, sei hier eine Vignette gewählt, die in sich mehrere Aspekte des Sonnenlaufes ins Bild bringt (Figur 2). Ein Wort, welches solche Aspekte in einen Oberbegriff, eben dem des ‹Sonnenlaufes›, zusammenschaute, gibt es nicht. Wenn dieser zentrale Begriff ins Bewußtsein gerufen werden soll, bleibt nur das Bild. In unserer Skizze flankie-

ren die Göttinen von ‹Westen› und ‹Osten› rechts und links das Heben und Empfangen der Sonne. In ähnlichen Szenen ist diejenige Gestalt, die die Sonne zum Himmel emporhebt, der Luftgott Schu, die empfangende Gestalt dagegen die ‹Göttin des Westens› oder eine andere Göttin, die das Totenreich verkörpert. Am Abend empfängt sie die in die Unterwelt hinabgleitende Sonne und verleibt sie sich ein. Auf unserem Bild wird dieses Heben und Empfangen verbunden mit Osten und Westen. Diese Begriffe sind also gleichzeitig ‹im Bild›; denkt man sie nach, dann wird der Lauf der Sonne von Ost nach West und durch die Unterwelt zurück zum Osten vorgestellt, im Zusammenhang mit denjenigen Wesen, die diesen Vorgang bewirken.

Eine solche Darstellung hat immer eine Voraussetzung: das Wissen. Ist es nicht da, so kann der Betrachter keinesfalls den Inhalt enträtseln. Er kann nur mühsam versuchen, so wie es Erik Hornung eben beschrieben hat, mit Hilfe einzelner, schon aus anderen Darstellungen bekannter Bildelemente den Gedankengang nachzukonstruieren. In dieser Lage sind die Ägyptologen heute, wenn sie den Inhalt der ‹Jenseitsführer›, die großenteils aus solchen Bildern aufgebaut sind, verstehen wollen.

Der Ägypter, der seine Kenntnis der göttlichen Welt festhalten möchte, kann dazu niemals die Schrift wählen. Einfach deswegen nicht, weil die gewöhnliche Sprache die dazu nötigen Begriffe nicht enthält. Aber er kann Bilder erfinden, die als solche in der Lage sind, Zusammenhänge darzustellen. In dem Maße, wie das Bedürfnis wuchs, auch übersinnliche Tatsachen der schriftlichen Form anzuvertrauen, in dem Maße werden die Vignetten häufiger. Dieser Prozeß, der seit Beginn des Neuen Reiches (ca. 1500 v.Chr.) mit Vehemenz einsetzt, entfaltet sich im Totenbuch immer deutlicher, wo schon bald zu jedem Spruch, der dieser Sammlung einverleibt worden ist, auch eine charakteristische Illustration gehört, und endet schließlich in Bildfolgen, die nur noch wenige Beischriften enthalten (die sogenannten ‹mythologischen Papyri›)[49].

Schrift und Bild ergänzen sich also gegenseitig. Die Schrift ist mehr dazu geeignet, dem täglichen Leben zu dienen, das Bild dagegen, das eher als Sinnbild bezeichnet werden müßte, denn das Abbild der äußeren Welt ist hier nicht gemeint, wurde geschaffen, um übersinnliche Tatsachen der wissenden Nachwelt zu überliefern. Doch nochmals ist darauf hinzuweisen, daß diese beiden Arten von ‹Texten› verschiedenen Ursprung haben. Die Schrift kann von jedermann geschrieben und gelesen werden, der sich ihre Verwendung angeeignet hat, das Sinnbild wird sich dagegen in seinen Tiefen nur demjenigen erschließen, der die Welt jenseits der äußeren Sinnlichkeit als göttliche erfahren hat. Und dazu mußte er ‹König› sein.

Die Polarisierung von Schrift und Sinnbild bleibt allerdings während der ägyptischen Kulturentwicklung nicht rein erhalten. Wie oben schon angedeutet, eignen sich die Menschen die Sinnbilder auch unverstanden an, in der Hoffnung, sie als magisch wirkende heilige Texte gebrauchen zu können. Das Besitzen der Bilder wird wichtig, nicht deren Verstehen. Diese Verwechslung von Sinn und Gebrauch ist gut verständlich, denn wie sollte denn ein einfacher Beamter verstehen können, daß diejenigen Texte, die für den König gut sind, ihm nicht helfen würden. Hat er doch keinerlei Möglichkeit, ohne Denken abzuschätzen, was sich nur einem Denkenden erschließt. Der Denkende kann leicht den Sinn der Bilder aus deren äußerer Form herauslösen, für den allein Nachahmenden ist dieser Sinn gar nicht vorhanden. Er muß das Bild als Inhalt auffassen oder wenigstens mit bekannten Inhalten verbinden können, etwas anderes ist ihm nicht möglich.

Wenn ein erfahrener Schreiber sich mythologische Bilder für sein Grab aneignet, können die interessantesten Kombinationen entstehen. Denn er geht ja davon aus, muß sogar davon ausgehen, daß die Bilder wie Hieroglyphen zu lesen und zu verstehen sind. Da kann z.B. das ‹Gefolge› des Sonnengottes im Sonnenschiff (Abb.16) kurzerhand durch ein übergroßes Dreikonsonantenzeichen, welches die Lautfolge für ‹Gefolge› enthält, ersetzt werden.

Abb.16: Aus dem Grab des Irinefer. Der Phönix als Sonnengott und sein Gefolge im Sonnenschiff.

Das Sonnenschiff selbst wird auf die Hieroglyphe für Himmel gesetzt u.ä. Obwohl solche Verwechslungen in Gräbern der Spätzeit nicht selten sind, entstehen sie doch niemals aus eigenständigen Erfindungen. Eine alte Vorlage, die immer vorausgesetzt werden muß, wird dem Einfachverständnis anverwandelt. Originell ist an einem solchen Bild dann höchstens die Form, der Gedanke selbst ist meist uralt.

Ägypten war zu allen Zeiten berühmt für seine Weisheit und für seine Weisen. Die großen Griechen suchten sich dort fortzubilden, wo die Quellen des Wissens noch strömten, – und sie sind nie enttäuscht von dort zurückgekommen. Pythagoras, Solon, ja selbst Platon haben lange Zeiten in Ägypten gelebt und aufgenommen, was an Überlieferungen damals noch zu finden war.
Die Weisheit, die dort gepflegt wurde, bestand nicht nur aus Theorie. Gerade weil sie zur praktischen Anwendung tendierte, wurden in den Archiven die Rollen mit den geheimen Inhalten extra bewahrt, und um sie bearbeiten zu können, gab es Bedingungen. Nicht an jedermann, auch wenn er lesen konnte, wurden die heiligen Schriften ausgehändigt[50], denn abgesehen davon, daß er sie nicht hätte verstehen können, so hätte er sie doch durch eine profane Interessenlage mißbrauchen und entweihen können. Noch in Platons berühmtem siebten Brief klingt nach, was er in Ägypten erfahren durfte und seither in seiner Schule ähnlich gehandhabt hat.
Alle Weisheit hat, wenn sie wirklich eine solche ist, die Tendenz zur praktischen Anwendung. Und so ist es nicht verwunderlich im Lande der Weisheit von bedeutenden Ärzten zu hören, große Baumeister zu finden, auch gute Rechner und erfahrene Geometer. Wenn irgendwo, dann sollten dort die Spuren dieser alten Kenntnisse erhalten sein und uns den Einblick in frühe Formen wissenschaftlicher Geisteskultur eröffnen. Gerade die Großleistungen auf diesen Feldern wurden ja als Beweis dafür herangezogen, daß die Ägypter denken konnten, denn sonst wären doch solche Glanzleistungen, wie sie im Bau der Pyramiden zutage treten, vollkommen undenkbar.
Und dennoch ist diese einleuchtende These nur die halbe Wahrheit. Ein Großteil der verlangten Fähigkeiten ist tatsächlich auch ohne Denken zu leisten, wenn nur eine sorgfältige Ausbildung

garantiert wird. Zunächst einmal beruhte diese auf Spezialisierung. Herodot, der Ägypten aus eigener Anschauung kannte, schreibt:

«Die Heilkunde wird bei ihnen von Spezialärzten versehen. Jeder Arzt behandelt nur eine Krankheit und nicht mehrere. Ärzte aber gibt es überall in Menge; es gibt Augenärzte, Ohrenärzte, Zahnärzte, Magenärzte und Ärzte für innere Krankheiten.»[51]

Die erste Frage, die sich bei dieser Aufzählung einstellt, ist die nach dem Sinn oder Unsinn einer so weitgehenden Spezialisierung. Damals war sie sinnvoll, denn wenn man die Art der Heilkunde betrachtet, wie sie in den überkommenen Papyri aufgezeichnet worden ist, dann kann sie überhaupt nur da heilsam gewirkt haben, wo Spezialisierungen bestanden. Warum das so ist, soll an einem chirurgischen Papyrus, der zu den besterhaltenen medizinischen Papyri gehört, demonstriert werden.[52] Er stammt seinem Inhalt nach aus dem dritten Jahrtausend, obwohl er uns erst aus einer Abschrift aus späterer Zeit (ca. 1500 v.Chr.) vorliegt. Wann er genau entstanden ist, läßt sich nicht mehr feststellen, obwohl man annehmen kann, daß er in der ungeheuer schöpferischen Zeit am Beginn der ägyptischen Kultur verfaßt wurde. Wenden wir uns zunächst seinem Inhalt zu. Dieser besteht aus einer großen Zahl von Einzelfällen, die in der Art eines Lehrtextes aufgebaut sind, und zwar jedesmal nach demselben Muster:

Fall 2:
«Kunde (Informationen) über eine Klaffwunde an seinem Kopf, die bis zum Knochen reicht.
Wenn du einen Mann untersuchst mit einer Klaffwunde an seinem Kopf, die bis zum Knochen reicht, dann sollst du deine Hand auf ihn legen, dann sollst du seine Wunde abtasten. Wenn du seinen Schädel findest, in dem nicht vorhanden ist ein Spalt oder ein Loch an ihm: Dann mußt du dazu sagen: einer mit einer Klaffwunde an seinem Kopf. Eine Krankheit, die ich behandeln werde.
Dann sollst du ihn verbinden mit frischem Fleisch am ersten Tage.

Dann sollst du ihm zwei Binden aus Stoff anlegen. Behandle du ihn danach mit Öl/Fett, Honig, Fasern jeden Tag, bis es ihm besser geht.»

Jeder Fall, der zur Untersuchung ansteht, wird wie dieses viergliedrige Muster beschrieben. Zuoberst steht die Überschrift, die mit dem Wort «Kunde» eingeleitet wird. Das Wort hat, wie im Deutschen, die doppelte Bedeutung von Erkundung, Erfahrung und von Künden, Weitergeben des Inhalts. Der Übersetzer Wolfhart Westendorf hat dieses Wort mit «Information» übersetzt, wobei es die Erfahrungsseite seiner Herkunft verliert und einen mehr objektiven Charakter bekommt. Der Ägypter dagegen hörte noch in dem Wort den Anklang an die Vergangenheit. Nach der Überschrift folgt die Untersuchung des Falles mit der Aufzählung seiner Symptome, woraus dann wieder die Diagnose folgt, mit dem sogenannten Verdikt, das die Heilungsaussichten beurteilt. Den Abschluß bilden die zur Therapie nötigen Behandlungsanweisungen.
Um zunächst einmal einen ersten Eindruck vom Aufbau des Textes zu erhalten, seien hier einige weitere Fälle angeführt:

Fall 3:
«Kunde über eine Klaffwunde an seinem Kopf, die bis zum Knochen reicht, durchlöchert ist sein Schädel.
Wenn du einen Mann untersuchst mit einer Klaffwunde an seinem Kopf, die bis zum Knochen reicht, durchlöchert ist sein Schädel; dann sollst du seine Wunde abtasten, und findest du ihn, indem er nicht auf seine Schultern und seine Brust blicken kann, er leidet an Versteifung in seinem Nacken:
Dann mußt du dazu sagen: einer mit einer Klaffwunde an seinem Kopf, die bis zum Knochen reicht, durchlöchert ist sein Schädel, er leidet an Versteifung in seinem Nacken. Eine Krankheit, die ich behandeln werde.
Wenn du also jenen Mann findest, indem sein Schädel durchlöchert ist, dann sollst du nicht frisches Fleisch auflegen am ersten Tag auf seine Wunde; du sollst ihn nicht verbinden, sondern zur Erde legen

auf sein Ruhebett, bis die Zeit seines Leidens vorübergegangen ist; behandle du ihn danach mit Öl/Fett, Honig, Fasern jeden Tag, bis es ihm besser geht.»

Fall 4:

«Kunde über eine Klaffwunde an seinem Kopf, die bis zum Knochen reicht, gespalten ist sein Schädel.

Wenn du einen Mann untersuchst mit einer Klaffwunde an seinem Kopf, die bis zum Knochen reicht, gespalten ist sein Schädel; dann sollst du seine Wunde abtasten, und findest du etwas daran, was uneben ist unter deinen Fingern; es schaudert ihn sehr; die Anschwellung, die auf ihm (d.h. dem Spalt) ist, steigt hoch; er gibt Blut aus seinen Nasenlöchern und aus seinen Ohren; er leidet an Versteifung in seinem Nacken; nicht kann er auf seine Schultern und seine Brust blicken:

Dann mußt du dazu sagen: einer mit einer Klaffwunde an seinem Kopf, die bis zum Knochen reicht; gespalten ist sein Schädel; er gibt Blut aus seinen Nasenlöchern und aus seinen Ohren; er leidet an Versteifung in seinem Nacken. Eine Krankheit, mit der ich kämpfen werde.

Wenn du also jenen Mann findest, indem sein Schädel gespalten ist, dann sollst du ihn nicht verbinden, sondern zur Erde legen auf sein Ruhebett, bis die Zeit seines Leidens vorübergegangen ist. Seine Behandlung besteht im Stillsitzen, indem ihm zwei Stützen von Ziegeln gemacht sind, bis du weißt, daß er zu etwas Endgültigem gelangt ist. Dann sollst du Öl/Fett an seinen Kopf geben, sein Nacken und seine Schultern sollen damit erweicht werden.»

Fall 5:

«Kunde über eine Klaffwunde an seinem Kopf, zersplittert ist sein Schädel.

Wenn du einen Mann untersuchst mit einer Klaffwunde an seinem Kopf, die bis zum Knochen reicht, zersplittert ist sein Schädel; dann sollst du seine Wunde abtasten, und findest du jenen Splitterbruch, der an seinem Schädel ist, tief und eingesunken unter deinen Fingern;

die Anschwellung, die auf ihm ist, steigt hoch; er gibt Blut aus seinen Nasenlöchern und aus seinen Ohren; er leidet an Versteifung in seinem Nacken; nicht kann er auf seine Schultern und seine Brust blicken.

Dann mußt du dazu sagen: einer mit einer Klaffwunde an seinem Kopf, die bis zum Knochen reicht; zersplittert ist sein Schädel; er leidet an Versteifung in seinem Nacken. Eine Krankheit, die man nicht behandeln kann.

So sollst du ihn nicht verbinden, sondern zur Erde legen auf sein Ruhebett, bis die Zeit seines Leidens vorübergegangen ist.»

Alle weiteren Fälle sind ebenso aufgebaut wie die bisherigen Beispiele. Um sich das Bild vom Fortgang des Textbuches ergänzen zu können, seien hier noch die weiteren Überschriften genannt:

Fall 6:

«Kunde über eine Klaffwunde an seinem Kopf, die bis zum Knochen reicht, zersplittert ist sein Schädel, aufgebrochen ist das Gehirn seines Schädels.»

Fall 7:

«Kunde über eine Klaffwunde an seinem Kopf, die bis zum Knochen reicht, durchlöchert ist die tpaw-Region des Schädels.»

Fall 8:

«Kunde über einen Splitterbruch an seinem Schädel unter der Haut seines Kopfes.»

Fall 9:

«Kunde über eine Wunde an seiner Stirn, zersplittert ist die Scherbe (bzw. Schale) seines Schädels.»

Die Fälle 10 – 14 befassen sich mit der Region der Nase.
Die Fälle 15 – 17 mit der der Wange.

Fall 18:

«Kunde über eine Wunde in seiner Schläfenpartie (bzw. in seinem Joch-Schläfen-Bein).»

Fall 19:
«Kunde über ein Loch in seinem Joch-Schläfen-Bein.»

Fall 20:
«Kunde über eine Wunde in seiner Schläfenpartie (bzw. Joch-Schläfen-Bein), die bis zum Knochen reicht, durchlöchert ist sein Joch-Schläfen-Bein.»

Fall 21:
«Kunde über einen Spalt in seinem Joch-Schläfen-Bein.»

Fall 22:
«Kunde über einen Splitterbruch in seinem Joch-Schläfen-Bein.»

Die weiteren Fälle behandeln das Ohr, den Unterkiefer, die Oberlippe, das Kinn, den Hals, die Nackenwirbel, das Schlüsselbein, den Oberarm, die Brust, den Rücken ... Hier bricht der Text ab, der in der ursprünglichen Vorlage wohl auch die unteren Teile des Menschen umfaßt haben wird.

Ehe wir die Texte genauer betrachten, können wir davon ausgehen, daß wir hier Anweisungen vor uns haben, die ein Feldchirurg befolgen sollte, der die Wunden von Soldaten zu heilen hatte. Die häufigen Kopfverletzungen scheinen von Keulenschlägen herzurühren; Stich- und Schnittverletzungen dagegen sind nur in wenigen Fällen beschrieben. Übrigens ist das nochmals ein Hinweis auf die frühe Entstehungszeit unseres Textes, wo die Hauptwaffe der Truppen die Keule war.[53]

Wenn ein heutiger Arzt die einzelnen Fälle und die Anweisungen dazu beurteilt, dann ist er häufig überrascht, wie sinnvoll die einzelnen Regeln sind. In den meisten Fällen hat der alte Arzt also sicher helfen können. Aber wie anders als zu unseren Zeiten war seine Ausbildung und sein Verhalten! Er hatte auswendig gelernt, was in den einzelnen Fällen zu tun war. Und das Gelernte wurde durch den Sinnesreiz geweckt. Der genaue Sinneseindruck, der erst einmal sorgfältig registriert werden mußte, rief dann in ihm die Antwort hervor. «Dann mußt du dazu sagen ...» heißt es ja auch im Text. Das Schema ‹Reiz – gelernte Antwort› liegt so dem ganzen Vorgang zugrunde. Der Kunstgriff dabei ist, daß die Antwort zunächst die ganzen Sinnessymptome wiederholt; eine Verwechslung mit ähnlichen Fällen war somit nicht möglich. Auffallend ist auch, wie stark das Bewußtsein eines solchen Helfers auf die Sinneswelt konzentriert blieb. Das fällt besonders da auf, wo wir einen Oberbegriff erwarten würden, wenn es etwa hieße: «dann mußt du dazu sagen»: offener Schädelbruch. Stattdessen erfolgt jetzt die Wiederholung der Phänomene. Aus diesem Grund gibt es auch gar keine Möglichkeit, die Tatsachen anders als topographisch zu ordnen. Es ist schon immer aufgefallen, wie seltsam und unsachgemäß dieses Ordnungsprinzip eigentlich ist. Denn so stehen nicht die zusammengehörigen Verletzungen nebeneinander, sondern nur die zusammengehörigen Orte. Vom medizinischen Standpunkt aus würden wir die Fälle vielleicht nach Brüchen, offenen Brüchen, Wunden, Klaffwunden, Verrenkungen usw. ordnen. In Ägypten dagegen werden die Antworten jeweils nur durch einen entsprechenden sinnlichen Reiz hervorgerufen, also muß auch die medizinische Angabe so aufgebaut sein. Das Sinnen-Gedächtnis wird von außen aufgerufen, innere Zusammenhänge, die durch ihren Inhalt wirken, kennt es noch nicht. Wie oben schon dargelegt, gibt es diese Art von Gedächtnis auch noch in uns. Auch das, was wir einst auswendig lernten, taucht sofort herauf, wenn nur einige Anfangsworte erklingen. Wer von uns, der auch nur oberflächlich mit dem deutschen Geistesleben bekannt ist, wüßte nicht, ohne zu denken, fortzusetzen, wenn das allbekannte «habe, nun ach!» unser Ohr erreicht. Auch solch charakteristische Worte wie «Urväter-Hausrat» stellen uns mitten in das dramatische Geschehen. Wenn wir uns dagegen erinnern wollten, wie der neuernannte Baumeister am Hofe des Echnaton in Amarna hieß, dann wäre eine andere Art von Gedächtnis vonnöten. Um dieses zu wecken, müßten wir einen inneren Zusammenhang zu konstruieren versuchen, aus dem heraus der gesuchte Name dann wieder erschiene. Ein solches Gedächtnis setzt das Entwickeln des Ganzen voraus, und das war dem alten Ägypter, auch wenn er als Arzt gewirkt hat, noch nicht möglich. Er konnte das Hervortreten der Antwort – auf das dann alles Weitere ankam – nur durch den äußeren Reiz auslösen, ehe er sich der vorgeprägten Spur überlassen konnte.

Das Aufschreiben der ‹Kunde› kann niemals den Zweck eines Nachschlagewerks gehabt haben, etwa in der Art, wie sich ein moderner Ägyptologe vom heutigen Gesichtspunkt aus die Sachlage vorstellt und denkt: «Wurde der Arzt zu einem Patienten gerufen, so wird wahrscheinlich ein Gehilfe die Papyrusrollen in einem eigenen Behälter sowie die übrigen Utensilien hinter seinem Herrn hergetragen haben...». Nein, das Geschriebene kann höchstens den Sinn gehabt haben, den auswendig gekonnten Text immer wieder zu rekapitulieren, um so den überlieferten Schatz nicht zu verlieren. Denn er hätte verloren gehen können, wenn die menschliche Überlieferung, die natürlich niemals fehlen durfte, durch äußere Einwirkungen oder Kulturschwächen gestört worden wäre.

Auffällig ist weiterhin, daß keinerlei Logik mit den Anweisungen verbunden ist und keinerlei Begründungen gegeben werden. Selbst der für uns Moderne vernichtende Satz: «Eine Krankheit, die man nicht behandeln kann», steht einfach so da und besiegelt das Schicksal des Verwundeten. Es geschieht nicht einmal aus Fatalismus, es ist auch kein Fatalismus, es ist einfach so. Gedanken darüber, warum es so ist, bildet man nicht und könnte sie auch nicht bilden. Es gibt wohl kaum eine Stelle, die das Fehlen der Denkfähigkeit deutlicher aufzeigen würde. Man braucht sich deshalb auch nicht zu wundern, daß an diesen Texten niemals weitergebildet wurde. Sie wurden abgeschrieben und tradiert, und man war froh, wenn im Laufe der Jahrhunderte davon nichts verloren ging. Sie wurden auch dann noch abgeschrieben, als man ihre Fachausdrücke schon nicht mehr verstand – dann kommentierte man sie höchstens und lernte noch den Kommentar dazu –, und selbst noch dann geschätzt, als sich schon längst die Phänomene geändert hatten, nachdem z.B. die Bogenwaffen eingeführt worden waren. Man war unfähig, eine eigene, wenn auch noch so bescheidene Verbesserung hinzuzufügen. Selbst verantworten konnte man nur das, was die Ausführung der Anweisungen betraf, die Anweisungen selbst blieben unantastbar.

Wenn in unserer Zeit, also im 20. Jahrhundert sich ähnliche Phänomene wie in Ägypten verbreiten, indem z.B. der Wissensgehalt für Prüfungen nur noch gelernt und nicht mehr verstanden wird; wenn die Prüfungen so geartet sind, daß der Prüfling mit ‹multiple choice› fast nur noch auf Wissen und nicht auf Verstehen abgefragt wird; wenn die Anweisungen, nach denen man sich zu richten hat, ‹von oben› bestimmt werden und nicht mehr selbst verantwortet zu werden brauchen; dann geht das der Tendenz nach zurück in jene noch nicht lange vergangene Zeit, wo es hieß: «Führer befiehl, wir folgen dir» (in die Katastrophe). Im Gegensatz zu heute allerdings hatten die ägyptischen Anweisungen Sinn, wenigstens in denjenigen Zeiten, in denen sie verfaßt wurden. Die Autoritäten von damals, auf die man sich bezog, seien es Götter oder Menschen, besaßen wirkliche Einsicht und gossen diese in selbstloser Absicht in die Form lernbaren Kulturgutes. Hätten sie nicht zu Beginn der ägyptischen Kulturentwicklung auf so vielen verschiedenen Gebieten die Verhaltensweisen vorgeprägt, so wäre Ägypten nicht das geworden, als was es heute erscheint.

Was an der ägyptischen ‹Wissenschaft› so sehr gelobt wird, ihr nüchterner Sinn für die reale Welt und ihre praktischen Angaben, zeigt sich bei näherem Zusehen auch wieder von zwei verschiedenen Bewußtseinslagen getragen. Zum einen sind es die Verfertiger der Papyri, die aus eigener Tatkraft und großer Weisheit veranlagten, was zum anderen von tüchtigen Nachahmern und Auswendigwissern tradiert werden kann. Die einen wurden als die großen Autoritäten verehrt, die der Kultur aktiv ihre Richtung gaben, wenn man nicht die Götter selbst als die Urheber ansah; die anderen dagegen sahen im korrekten Ausführen der tradierten Lehren ihr Heil und konnten das um so besser erreichen, je spezialisierter ihre Aufgaben waren. Es gab eben deswegen Ärzte für innere

Krankheiten, für die Augen, die Ohren, für Zähne und Wunden, weil sonst das Gebiet, das man beherrschen mußte, zu umfangreich geworden wäre. Die Weisen dagegen hatten ein umfassendes Wissen. Der weise Imhotep z.B., «der den Steinbau eröffnete» und als Baumeister für König Djoser (um 2750 v.Chr.) die erste Pyramidenanlage erstellte, galt zugleich als der Schreiber der ersten Lebenslehre und auch als großer Arzt. Er galt als Urheber mancher Papyri medizinischen Inhalts. In der Spätzeit hatte man ihn als Heilgott verehrt und mit dem griechischen Asklepios gleichgestellt. Götter und Menschen waren im Bereich der Weisheit miteinander befreundet: Die Menschen erhielten ihre Weisheit von den Göttern, und die Götter wirkten durch Menschen, davon sprechen die Texte allenthalben; aber diese Weisen waren eben keine ‹Menschen wie du und ich›.

Gewiß, was wir heute einen ‹wissenschaftlichen Beruf› nennen würden, das gab es in Ägypten noch nicht. Die Ärzte waren ebensolche Praktiker wie jeder andere Handwerker auch. Am allerwenigsten dürfen wir in ihnen Denker vermuten, nur weil die überlieferten Texte sinnvoll sind. Der Sinn kam in der Regel durch die Urheber hinein, und davon gab es in Ägypten nur wenige.

Was hier am Beispiel der Medizin gezeigt wurde, das gilt in ähnlicher Art auch für alle anderen höheren Praktiken. Wenn wir uns z.B. die erhaltenen Texte auf mathematischem Felde anschauen, dann stehen wir wieder vor demselben Muster. Zwar konnten die ‹Gelehrten› mit den dort gegebenen Anweisungen die Rauminhalte von Pyramidenstümpfen und Baurampen berechnen[54], aber verstehen und herleiten konnten sie die verwendeten Formeln nicht. Ja sie wußten nicht einmal, daß sie überhaupt Formeln verwendeten. Nur die Rechnungsabläufe, welche Zahlen man wo einzusetzen und was man mit diesen Zahlen anstellen mußte, waren vorgezeichnet. Der Lernende hatte die mathematischen Prozesse an Beispielen wieder und wieder zu repetieren, wobei er zwar einer methodischen Regel folgte, sie aber nicht formulieren konnte. Nur wir können heute aus dem Gang der Lösung die zugrundeliegende Regel erschließen. Der Aneignungsvorgang ist genau derselbe wie bei den Lebens- und allen Berufsweisheiten, wer sie beherrschen will, «lernt ohne jede Begründung Paradigmen auswendig, mit denen er sich nach und nach die praktischen Bereiche des Wissens erschließt».[55] «Beweise für die einzelnen Rechnungsarten werden nicht vorgeführt, die Ergebnisse weder abgeleitet noch begründet.»[56] Eine Wissenschaft kann auf diese Weise natürlich niemals entstehen, auch keine Wissenschaftler.

So steht die große Rätselfrage nach demjenigen, der diese Papyri geschrieben hat, vor uns; und wo ist er ausgebildet worden? Schließlich sind die Texte ja da, und richtig sind deren Anweisungen auch, also muß es doch Menschen gegeben haben, die tiefer blickten und Tieferes schauten als andere, wenn sie auch aus ‹pädagogischen Gründen› den Menschen nichts von ihren umfangreicheren Kenntnissen mitteilen konnten.

Bisher kamen wir immer nur an die Grenze, an der wir aufmerken konnten darauf, daß der Pharao wohl ein anderes Bewußtsein haben müßte als die übrige Bevölkerung. Damit dieses Phänomen mit größerer Klarheit deutlich werden kann, ist es nötig, uns Texte anzuschauen, deren Urheber Könige sind. Dies soll im folgenden geschehen.

4
DER PHARAO

Kaum eine Tatsache könnte dem Menschen von heute fremder erscheinen, als wenn er einem König der frühen Zeiten begegnete. Den Göttern gleich haben ihn die Ägypter verehrt, rituell geregelt war sein Tageslauf, und ein umständliches Zeremoniell verhinderte jede spontane Annäherung. Seine Person bildete das über allem Alltag weit erhabene Zentrum des Reiches, in dem sich die Glieder des ganzen Volkes einig fühlen konnten, und die geistige Mitte, von der alle Impulse ausgingen. Der Pharao hatte die Aufgabe, die ägyptische Kultur im Einklang zu halten mit den Plänen der Götter, wobei deren lebendige Impulse mit allen seinen Taten zusammenfließen sollten. Um nur ein Beispiel für eine derartige, den Menschen der Neuzeit jedoch höchst zweifelhaft scheinende Äußerung anzuführen, sei hier die Rede der Hatschepsut wiedergegeben, die sie auf die Basis eines der von ihr errichteten Obelisken schreiben ließ. Nachdem sie ihre Titel genannt und das Monument ihrem göttlichen Vater, Amun, gewidmet hat, heißt es:

«Ich habe diesen Obelisken errichtet, aus liebevollem Herzen zu meinem Vater Amun, nachdem ich zum ersten Mal sein Allerheiligstes betreten und seine vortreffliche Macht erfahren hatte. Ich vergaß nichts von dem, was er angeordnet hatte, denn Meine Majestät weiß, daß er göttlich ist. Ich handelte aber nach seinem Befehl, denn er ist es, der mich leitet. Ich hätte nicht an Bauarbeiten gedacht ohne sein Zutun. Er war es, der die Anweisungen gab. Ich schlief nicht wegen seines Tempels, ich vernachlässigte nicht, was er befohlen hatte.»[57]

Ein solcher Bericht ist uns heute so fremd, daß wir selbstverständlich annehmen, Hatschepsut habe gedichtet. Götteranweisungen! –, das gibt es doch nicht. Man überlegt dann höchstens noch, welche Absicht hinter einer solchen Fiktion verborgen ist. Je länger man sich allerdings mit den Zeugnissen der ägyptischen Kultur befaßt, desto merkwürdiger erscheint einem die Sicherheit, mit der alle Pharaonen gleichermaßen von solchen göttlichen Absichten künden. Zwar entgeht dem aufmerksamen Beobachter nicht die Wandlung im Verhältnis des Pharaos zu den Göttern, denn am Anfang der ägyptischen Geschichte wird von ihm selbst als von einem Gott gesprochen, später dann von dem «Sohn eines Gottes» und schließlich nur noch vom «Bild eines Gottes»[58], doch der Bezug zur göttlichen Welt wird in allen Stufen beibehalten. Die unzähligen Bilder, die den Pharao vor Göttern darstellen, vor ihnen betend, opfernd oder den Segen empfangend, bleiben einem Besucher Ägyptens eindrücklich im Gedächtnis.
Freilich könnte das wieder eine jener Propagandamaßnahmen sein, die dem Volk hätte einhämmern sollen, warum sie das gute Leben der Obrigkeit fördern sollten. Aber abgesehen davon, daß dieser Bilderreichtum vom Volk größtenteils gar nicht zu sehen war, weil er sich in Tempeln und Gräbern dem profanen Anblick entzog, ist doch wieder nur eines deutlich, daß sich der König tatsächlich als ein Mensch empfand, dessen Aufgabe darin bestand, die Götter kennenzulernen und ihre Mitwirkung am kulturellen und geschichtlichen Leben Ägyptens zu erhalten. Die Zeiten, in denen das versäumt wurde, empfand man später als Krankheiten des Landes, die durchaus nicht immer harmlos verliefen, sondern bleibende und sogar schmerzende Narben im Leben des Volkes hinterließen. Eine solche Zeit war z.B. die Zeit Echnatons. Nur wenig später wurde dann auch, auf der sogenannten Restaurationsstele des Tutanchamun, gerade diese anspruchsvolle Aufgabe des Herrschers neu formuliert:[59]

«Ein vollkommener Herrscher,
der für den Vater aller Götter Nützliches tut,
der ihm (wieder) gedeihen läßt, was an Denkmälern der Ewigkeit stürzte,
der ihm das Unrecht in beiden Ländern zurückwarf,
damit die Maat dauert auf ihrem Platz.
Er gibt, daß die Lüge zur Sünde wird
und läßt das Land wie bei seiner ersten Schöpfung sein.
Denn da seine Majestät als König erschien,
da waren die Tempel der Götter und Göttinnen
von Elephantine bis hin zu den Lagunen des Deltas
... im Begriff, vergessen zu werden
und ihre heiligen Stätten im Zustande des Untergangs,
zu Schutthügeln geworden, die mit Unkraut bewachsen sind,
ihre Gotteshäuser waren wie etwas, das es nicht gibt,
und ihre Tempel waren ein Fußweg.
Das Land machte eine Krankheit durch,
die Götter, sie kümmerten sich nicht um dieses Land.
Wenn man ein Heer nach Syrien aussandte,
um die Grenzen Ägyptens zu erweitern,
so war diesem nicht der geringste Erfolg beschieden.
Wenn man sich an einen Gott bittend wandte,
um von ihm Rat zu erfragen,
so kam er nicht herbei, in keinem Fall.
Wenn man in gleicher Weise eine Göttin anging,
so kam sie nicht herbei, in keinem Fall.
Denn ihre Herzen waren schwach in ihren Körpern
und sie hatten aufgehört zu wirken.

Nachdem aber die Tage darüber vergangen waren,
da erschien seine Majestät auf dem Thron seines Vaters.
Er herrscht über die Ufer des Horus;
das schwarze und das rote Land sind unter seiner Aufsicht,
und jedes Land beugt sich vor seiner Macht.
Seine Majestät aber ist in seinem Palast, ...

wie Re im Innern des Himmels.
Seine Majestät sorgt sich um dieses Land
und um den täglichen Bedarf Ägyptens.
Seine Majestät berät sich mit seinem Herzen,
um irgend etwas Treffliches zu ersinnen,
um nachzudenken, wie man Nützliches für den Vater Amun tun könnte ...»

Es ist klar: um mit den Göttern sprechen zu können, muß man ihnen zunächst begegnen. Das aber, so werden die Kenner einwenden, geschah im Kult. Täglich ist doch dort der König im Allerheiligsten dem Bild des Gottes begegnet.[60] Wenn ein Priester stellvertretend für ihn diese Rolle übernommen hatte, mußte er sich mit der hergebrachten Formel legitimieren: «Der König ist es, der mich sendet, den Gott zu schauen.» Hier wird also ausgesprochen, was mit dem «Schauen» des Gottes gemeint ist: das tägliche Eintreten in das Allerheiligste, in dem sich die Statue des Gottes befand. Das ist richtig, aber bei alledem darf auch nicht vergessen werden, daß ein Bild des Gottes nur für den Ungeschulten mit dessen Wesen verwechselt worden ist. Der Geschulte – und dazu gehörte der Pharao – schaute im Bild nur die Form, in der sich zwar das Wesen des Gottes symptomatisch offenbart, es aber selber nicht ist. Ein wirklicher Gott erscheint nie von außen, das wußte der Pharao aus eigenster Erfahrung. Das ist es ja gerade, was uns am ägyptischen Königtum so sehr befremdet, daß immer wieder und ganz selbstverständlich von solchen Erlebnissen gesprochen wird, die wir allerdings ganz anders deuten würden. Wenn wir einmal alle die Texte sammeln würden, in denen der Pharao davon spricht, wie sein natürlicher Umgang mit Göttern geschieht, dann würden wir höchst erstaunt sein, wie alltäglich ihm dieses Verhalten ist. Nicht etwa nur im Allerheiligsten der Tempel offenbart sich der Gott, nein, im gewöhnlichen Alltag erfährt er dessen Pläne und empfängt seine Befehle. Schauen wir uns einige Beispiele an:

Beginnen wir mit einem älteren Text (Beginn des 2. Jahrtausends). Sesostris I. erklärt in einer Thronsitzung seinen Willen, einen Tempel für Re-Harachte in Heliopolis zu bauen. Er sagt dazu:

«Seht, meine Majestät plant ein Werk, und denkt an etwas Vollkommenes für die Nachwelt, nämlich, daß ich ein Denkmal errichte und einen festen Denkstein aufstelle für Re-Harachte. Denn er formte mich, das zu tun, was er getan hat, das entstehen zu lassen, was er zu tun befohlen hat. Er ernannte mich zum Hirten dieses Landes, denn er wußte, wer es ihm zusammenhalten würde. Er brachte mir das, was er behütet und was das Auge, das in ihm ist (= die sichtbare Sonne), erhellt, er, der alles nach seinem Willen schafft und der mich mit dem Wissen um das ausgestattet hat, was er bestimmt hat.»[61]

Sesostris I. stellt sich hier zunächst als ein König dar, der für seinen göttlichen Vater einen Tempel bauen möchte. Er plant ihn aber nicht nur, sondern begründet auch, warum er ihn bauen möchte. Nämlich als Dank dafür, daß sein Gott ihn mit dem Wissen ausgestattet hat, das er für das Königsein braucht. Was er tun möchte, wird damit wieder auf die Absicht des Gottes zurückgeführt, seine eigenen Pläne sind gleichermaßen die Pläne des Gottes. Dieses merkwürdige Selbsterleben wird manchmal auch direkt ausgesprochen:

«Du mein Vater, der alles Seiende ersinnt,
was ist es, von dem du wünschst, daß es geschieht?
Ich werde gewiß nach deinen Plänen handeln!»[62]

Dieser Ausspruch der Hatschepsut gilt ganz allgemein für alle Pharaonen. Zwar werden immer wieder Begründungen, Argumente und äußere Anlässe für die eigenen Handlungen angeführt, manchmal sogar höchst private, wenn aber das Ergebnis betrachtet wird, das durch solches Denken und Handeln entstand, dann ist es immer der Gott gewesen, der darin als der eigentlich Wirkende erlebt wurde. Dafür ein schönes Beispiel aus etwas jüngeren Zeiten (um 1300 v. Chr.):

«Seine Majestät (= Sethos I.) durchzog die Wüste bis zu den Bergen. Sein Herz hatte gewünscht, die Gruben zu sehen, aus denen Gold geliefert wird. Nachdem seine Majestät viele Meilen hinaufgezogen war, machte er Rast am Wege, mit seinem Herzen Rat zu halten. Er sprach: Wie schwierig ist ein Weg, der kein Wasser hat. Was geschieht für die Marschierenden, daß es den Brand ihrer Kehlen löscht? Wer stillt ihren Durst? Das Land ist fern, die Wüste weit. Weh ihm, dem Mann, der in der Einöde dürstet. Wie kann ich für sie sorgen und ihnen etwas, was sie belebt, machen, so daß sie nach Jahren, die kommen werden, Gott auf meinen Namen preisen …
Nachdem Seine Majestät diese Worte zu seinem eigenen Herzen gesprochen hatte, zog er in der Wüste umher und suchte einen Platz, eine Wasserstelle anzulegen. Gott aber leitete ihn, um die Bitte dessen, den er liebt, zu gewähren. Es wurden Steinarbeiter beordert, einen Brunnen in den Bergen zu graben, damit es den Ermatteten aufrichte und das Herz dessen kühle, der durch Sommerhitze gebrannt wird. Da wurde dieser Platz angelegt auf den großen Namen Men-Maat-Re (= Sethos I.). Er führte sehr reichlich Wasser, wie die Höhle der Quellöcher in Elephantine.
Seine Majestät sprach: Siehe, Gott hat meine Bitte erfüllt. Er hat mir Wasser in den Bergen hervorquellen lassen. Ein seit den Göttern schwieriger Weg ist leicht geworden unter meiner Regierung, ergiebig an Weideplatz für den Hirten. Glücklich und weit ist das Land, wenn der König entschlossen ist. Jede Tat, die man nicht kannte, ließ Gott unter mir getan sein.»[63]

Zweierlei ist an diesem Bericht Sethos I. für uns besonders interessant. Erstens, daß der König hier wirklich denkt. Wenn wir den ägyptischen Ursprung des Textes nicht kennten und alles Lokalkolorit wegließen, dann wäre es schwer für uns, ihn richtig einzuordnen. Schon zu Beginn wird das deutlich: Der König hatte gewünscht, die Gruben zu sehen, aus denen das Gold geliefert wird. Er begnügt sich also nicht damit, das Gold nur wahrzunehmen und zu verwenden, wenn es da ist, sondern er fragt weiter, fragt nach der Herkunft dieser Sache. Schon diese Frage geht weit über das hinaus, was den normalen Ägypter bewegen würde. Auch fernerhin ist er nie nur mit dem zufrieden, was er sieht und erlebt. Sofort schließen sich neue Fragen an: «Was geschieht für die Marschierenden, daß es den Brand ihrer Kehlen löscht?», «wie kann ich für sie sorgen?», «wo kann ich einen Platz finden, um eine Brunnenstelle anzulegen?» Unzweifelhaft handelt es sich hier um einen Menschen mit einer Bewußtseinsveranlagung, die unserer modernen entspricht; «ein Mensch wie du und ich», könnten wir sagen. Indessen führt Sethos merkwürdigerweise alle seine Gedanken auf das Wirken Gottes in sich zurück: «Gott aber leitete ihn», «Gott hat seine Bitte erfüllt», so daß diejenigen, denen er geholfen hat, «Gott auf seinen Namen preisen». Also doch nicht «ein Mensch wie du und ich», sondern einer, der sich nur als Mittler empfand, als Träger göttlicher Wirksamkeit auf Erden. Ferner offenbart sich durch eine solche Aufzeichnung, deren Inhalt eigentlich recht profan ist, was den Pharao bewegt hat, daß er ihn so ausführlich hat aufschreiben lassen. Nämlich die Tatsache, daß er etwas Neues in die Welt eingeführt hat, etwas, «das man nicht kannte» seither. Es gehört zu seinen Aufgaben, «die Grenzen Ägyptens zu erweitern».[64] Er darf sich gerade nicht damit begnügen, nur das zu veranlassen, was man schon kennt und seit unvordenklichen Zeiten schon immer kannte, sondern er hat, ganz im Gegensatz zu seinem Volk, die Aufgabe, hinauszuschreiten über das, was den Ägyptern von den Vorfahren überkommen ist. Dieses Gesetz gilt auf allen Gebieten: Im Bereich der äußeren Welt hat der Pharao die Möglichkeit, entweder tatsächlich die Staatsgrenzen zu erweitern, was natürlich nur sehr begrenzt und nur am Anfang der jeweiligen Blütezeiten möglich war, oder aber er erweitert das Bestehende durch das Errichten von «Denkmälern», die größer sind als die der Vorgänger oder die einer neuen Bauidee Ausdruck verleihen; er kann aber auch dem festgelegten Regelkanon ein neues Motiv hinzufügen, ein altes verändern; wie gesagt, nur eines darf er nicht: sich überall so verhalten, wie es bisher üblich war. Als Hatschepsut die großartige und ungewöhnliche Expedition nach dem Lande Punt aussendet, leitet sie den Ausführungsbefehl bei einer Thronsitzung folgendermaßen ein:

«Ich habe aber die Absicht, daß etwas Großes getan werden soll. Ich will den, der mich zeugte (= Amun), reich machen, wie er es prophezeit hat. Ich will alle seine Opfer prächtig machen, wie es meine Väter, die Vorfahren, nicht kannten. Ich will es als etwas Großes tun für den Herrn der Ewigkeit. Ich will mehr tun als früher getan worden ist. ... Ich bin ein Gott, der bestimmt, und es geschieht.»[65]

Als aus Anlaß eines Thronjubiläums zwei mächtige Obelisken, die zu den größten ihrer Art gehören, aufgestellt wurden, wird dem Ägypter gleich noch mitgeteilt: *«Niemals war dergleichen seit der Urzeit der Erde geschehen.»*[66] Tatsächlich, Hatschepsut übertreibt nicht, diese beiden Obelisken übertrafen alle vorhergehenden allein schon durch ihre Größe.

Solche und ähnliche Aussagen könnten um zahllose Stellen erweitert werden. In jeder Bau-Inschrift wird die Erweiterung des Bestehenden und die Eigenart dieses speziellen Denkmals besonders vermerkt. *«Man tat für ihn (= Ptah) niemals etwas Ähnliches in den Zeiten vor meiner Majestät»*[67] gilt unumstößlich, denn einen Ptahtempel mit genau dieser Raumfolge und diesem besonderen Bildprogramm gab es nicht ein zweites Mal.

Mehr, als man glauben sollte, wird durch ein solches Gesetz bewirkt. Denn der oben geschilderte Hang zum Unveränderlichen wird an dieser Stelle durchbrochen: Der Pharao muß ändern, das gehört zu seiner Aufgabe, und er ändert. Die einzelne Veränderung sieht zwar zunächst bescheiden aus, doch im Laufe der Zeit sind die Wandlungen unübersehbar. Erik Hornung hat diese kontinuierliche Umgestaltung sehr schön an der «Entwicklung des Königsgrabes» gezeigt.[67a] Dabei ist nicht nur die grobe Entwicklung von der Pyramiden-Anlage zum Königsgrab aufschlußreich, auch die Verwandlungen der Gräber im Tal der Könige allein erhellen die Triebkraft, durch welche Ägypten der Gefahr der Erstarrung widerstand. Zuvörderst sind da rein äußere Parameter zu nennen, durch welche der Prozeß in Gang gehalten wurde: Die Zahl der Räume konnte vergrößert werden sowie die Zahl der Pfeiler in der Sarkophaghalle, auch die Abmessungen des Korridors konnten wachsen. Doch dann gibt es auch innere Möglichkeiten der Veränderung, wenn etwa das Bild- und Textprogramm um neue Elemente bereichert oder sogar durch völlig neuartige ‹Bücher› ersetzt wird.[68]

Dergleichen innere Veränderungen haben ihren Ursprung in dem wohl unerschöpflichsten Mittel, die Grenzen des Gewohnten zu übersteigen, im Gang ins Jenseits, in Bereiche, die erst der Tod erschließt. Erik Hornung sieht gerade darin die eigentliche Quelle der unerschöpflichen Neuerungskraft des ägyptischen Herrschers, wenn er am Schluß seiner «Grenzbetrachtungen»[69] schreibt: «Der Tod ist kein Ende, sondern eine Schwelle des Übergangs. Er überwindet Grenzen und schafft für das Leben ganz neue, ungeahnte Möglichkeiten, die im Diesseits nicht gegeben sind – etwa die, den Göttern ins Angesicht zu schauen, zum Himmel emporzusteigen und die fernsten Räume des Kosmos zu durchmessen, alle körperlichen Gebrechen und Unvollkommenheiten abzustreifen, alle Fähigkeiten des Menschen in neue Dimensionen zu erweitern und, nicht zuletzt ‹sich im Grab zu verjüngen›, wie es in ägyptischen Texten heißt. Der Verstorbene ist in die Welt der Götter eingetreten und selber ein ‹Gott› geworden, er lebt und handelt wie ein Gott in den Weiten des Himmels und in den Tiefen der Erde; und statt der engen Grenzen, die ihm auf Erden gezogen sind, fallen seine Grenzen jetzt mit den Grenzen des Seins zusammen. Die Jenseitstexte schildern, wie der Verstorbene im Gefolge des Sonnengottes bis an jene Grenzen vorstößt, die der Sonnenlauf berührt und die zugleich der Anfang des Nichts sind. Diese Grenzen aber sind, um es noch einmal zu betonen, offen; sie definieren die begrenzte Schöpfungswelt, aber sie schließen sie nicht ab. Dem Ägypter ist nicht, wie für den abendländischen Faust, ‹die Aussicht nach drüben verrannt›, tief blickt er noch in das Unendliche jenseits aller Schöpfung, und erst dort verliert sich der Blick endgültig. Für die alte, noch in unserem Jahrhundert so heftig diskutierte und niemals gelöste Streitfrage: ‹Ist die Welt endlich oder nicht?›, bietet uns der Ägypter die Lösung, die mir nicht schlechter als andere zu sein scheint: Die Welt ist begrenzt und definiert durch das Unbegrenzte, und, vielleicht noch wichtiger, sie ist offen gegen das Unbegrenzte und durchwoben von ihm. Das Unbegrenzte ist nicht erst dort, wo alles endet – es ist zuhanden, ist greifbar nahe vor uns und doch niemals zu fassen, wie die Finsternis; es ist uns allen mitgegeben, ist in uns, in unserer Seelentiefe.»

Von hier aus kann neues Licht ausstrahlen auf den bisher geschilderten Zusammenhang. Denn wenn sich der König im Umgang mit Göttern abbilden läßt und auch mitteilt, was diese zu ihm und er zu ihnen spricht, dann muß er dazu die Grenze der sinnlichen Welt überschritten haben. Der gewöhnliche Mensch kann nur in ‹Grenznähe›, in ‹Grenzbereichen› des gewöhnlichen Daseins, in außernormalen Zuständen den Gott sprechen hören, so etwa als Thutmosis IV. als Kronprinz während eines mittäglichen Tiefschlafs unter dem Bild der Sphinx von Gizeh liegend, den Sonnengott vernimmt und dieser ihm, unter gewissen Bedingungen, das Königtum verspricht; aber dergleichen geschieht höchst selten. Darum heißt es auch im Gedenkbericht an jenes Erlebnis: *«Da blickte dieser Königsohn staunend, weil er diese Worte gehört hatte, weil er die Worte dieses Gottes verstand.»*[70] Erst der gekrönte König hat den ständigen Zugang zur Götterwelt und damit auch den Einblick in übersinnliche Bereiche. Ein eigentümliches Ergebnis ist allerdings mit diesem Grenzübertritt verbunden: Der König kann denken! Was irgend dagegen eingewendet werden könnte, zerschellt an der Fülle der Aussagen, die wie Felsen dem anbrandenden Meer unserer Einwände entgegenstehen. Der Pharao plant, denkt, begründet, überlegt oder weist Einwände zurück, doch allenthalben so, daß immer der Gott es ist, der in ihm wirkt. Wenn man das Phänomen durch eine Art

Abb. 17: Aus dem Grab des Senedjem.
Der Leib als Mumie, von Anubis versorgt.

Kurzschluß dem nüchternen Bewußtsein verständlich machen wollte, so würde man sagen, der Ägypter erlebt sein Denken wesenhaft und nennt es Gott. Wenn wir jedoch tiefer eindringen in den Zusammenhang, dann ist der Sachverhalt viel komplizierter. Um da besseren Aufschluß zu gewinnen, müssen wir uns zunächst den Vorstellungen zuwenden, die für den Ägypter zum Wesen des Menschen gehören.

Das Wesen des Menschen

Wenn vom Wesen des Menschen gesprochen wird, dann ist zuvörderst daran zu erinnern, daß für das Verständnis der alten Welt

Abb.18: Aus dem Grab des Tutanchamun.
Tutanchamun und sein Ka vor Osiris.

der Mensch eine primär geistige Herkunft hatte. Zwar besaß er einen Leib, aber dieser wurde von ihm weder als einziges noch auch als wichtigstes Glied angesehen. Im alten Ägypten finden wir insbesondere eine hochdifferenzierte Anschauung vom Menschenwesen, insofern verschiedene Wesensglieder für nötig erachtet wurden, um durch deren Zusammenwirken das komplizierte Leben zwischen Tag und Nacht, zwischen Geburt und Tod, und auch danach, auch nur einigermaßen verstehen zu können.
Schon die Leiblichkeit des Menschen ist dem Ägypter kein einheitliches Gebilde. Er unterscheidet den eigentlichen *Leib* (Abb.17), dessen sichtbare und schwere Substanzen die äußere Erscheinung seiner Person bedingen, von der *lebendigen Gestalt,* dem *Ka* (Abb.18), der diesen Leib entstehen und wachsen läßt

und weiter am Leben erhält. Der Ka ist somit eine Kraft, die körperliche Gestalten schafft und mit ihnen während des ganzen Lebens verbunden bleibt. Alle einzelnen Gestalten der Pflanzen, Tiere und Menschen entstehen durch ihren Ka und werden von ihm am Leben erhalten. Trennt sich dieser von ihnen, dann sterben sie. Der Ka selbst kann nicht aus der Welt der Stoffe stammen, denn er ist es ja, der die Stoffe erst zum Leben aufruft und zu einer Gestalt zusammenfügt. Man könnte ihn mit einem Magneten vergleichen, der die Teilchen der Eisenfeilspäne in seine eigenen Kraftlinien zwingt, und sie aus diesen Bindungen auch wieder entläßt, sobald die magnetische Kraft ihnen entzogen ist. Allerdings besteht ein einschneidender Unterschied zum rein physikalischen Phänomen des Magneten: Die lebendige Gestalt ist ein dynamisches Geschehen, das in jedem Moment vom *Ganzen* bestimmt ist. Denn ein lebender Körper schafft seine Form durch unablässigen Stoffwechsel, der in allen seinen Organen wirkend gegenwärtig ist. Der Ka ist der Leiter dieses lebendigen Geschehens, der in Raum und Zeit ein plastisches Abbild von dem mit ihm verbundenen Urbild entstehen läßt.

Die Grenze zwischen sinnlicher und übersinnlicher Welt wird also ständig vom Ka überschritten. In jedem Moment unseres Lebens wirkt in unserer Leibesgestalt eine Kraft, die zwar aus übersinnlichen Welten stammt, uns aber das körperhafte Dasein ermöglicht. Während des ganzen Lebens bleibt sie innig mit der Leiblichkeit verbunden. Mit der Geburt tritt der Ka in seine Wirksamkeit ein, und nach dem Tode löst er sich, von seinem Körper entlassen, im «Gefilde des Ka» auf.

Der menschliche Ka wird normalerweise in ebenderselben Art wie die äußere sinnliche Menschengestalt dargestellt. Er wäre von dieser nicht zu unterscheiden, wenn nicht jeweils die Hieroglyphe, mit der man seinen Namen schreibt, hinzugefügt würde. Erst dann kann der Ägypter sicher sein, daß wirklich der Ka gemeint ist.

Das dritte wichtige Wesensglied des Menschen ist der *Ba.*

Abb. 19: Aus dem Grab der Nefertari. Der Ba der Nefertari.

(Abb. 19) Er enthält viele derjenigen Eigenschaften und Fähigkeiten, die wir heute als Seele bezeichnen würden. Durch seine Verbindung mit dem Leib ermöglicht er dem Menschen das tagwache Leben: denn er ist es, der die Eindrücke, die ihm durch die leiblichen Sinne vermittelt werden, die Farben, Töne und Gerüche bemerkt und darauf mit der Empfindung antwortet. Der Ba ist somit identisch mit der ‹Empfindungsseele›, er ist es, der das Verhalten des Menschen bestimmt, insofern alle die Regeln, die

der Ba im Leben und Beruf gelernt hat, immer dann, wenn ein äußerer Reiz ihn trifft, aus dem Innern heraus reagieren. Dabei ist die Seele des Menschen um so ausgeprägter, je mehr er gelernt hat und je vielfältiger seine Fähigkeiten sind. Je farbiger also der Charakter eines Menschen erscheint, desto farbiger ist auch sein Ba. Deswegen kann ‹Ba› manchmal sogar mit Worten wie ‹Ansehen› oder ‹Ruhm› wiedergegeben werden. Seine leichte Beweglichkeit, jetzt hier dieses, dann dort jenes zu bemerken, verglich der Ägypter mit einem Vogel; die Auffassungsgabe, die dem Bemerken der Eindrücke den Sinn gibt, verbildlichte er sich durch einen menschlichen Kopf. So ist der Ba als Vogel mit Menschenkopf ein Sinnbild für diese seelisch-geistigen Fähigkeiten geworden.
Nach dem Tode trennt sich der Ba vom Körper, fliegt auf zum Himmel und führt hinfort ein selbständiges Dasein, er bleibt aber weiter im Zusammenhang mit dem Lauf des Sonnengottes. Der Ba ist also eine Art Mittler zwischen der göttlichen und irdischen Welt. Selbst von göttlicher Abkunft, ist er im irdischen Menschen verkörpert, nimmt auf, was er hier erfahren kann, und kehrt wieder in die göttliche Welt zurück: *«Ich habe meinen Ba um mich herum geschaffen, um zu veranlassen, daß er das kennt, was ich kannte.»*[71] Mit dieser Kenntnis kommt er nun nach dem Tode im Jenseits an, aber dort kann er nicht einfach unverwandelt so weiterleben wie hier auf Erden. Er muß sich erst läutern und reinigen, ehe er zu höheren Daseinsstufen aufsteigen darf. Diese Situation hat der Ägypter wie ein Gericht empfunden. In ihm wird das abgeprüft, was er hier geleistet oder gefehlt hat. Im Angesicht der Totenrichter unter dem Vorsitz des Osiris wird eine große Waage errichtet, auf deren eine Waagschale das Herz gelegt wird, das als Zentralorgan des Bewußtseins alles weiß, was im Leben geschah. Die Belastung des Herzens wird nun mit dem richtigen Verhalten, der wahren Weltordnung verglichen, die durch eine Figur der Göttin Maat in der anderen Waagschale repräsentiert wird. Der genaue Vorgang mit den vielen konkreten Fragen wurde oben bereits genauer dargestellt (vgl. S. 55). Das aus diesem Prozeß ge-

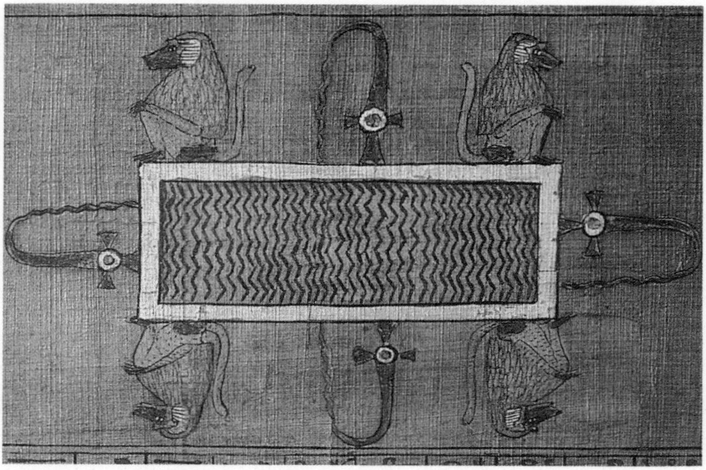

Abb.20: Der Feuersee. Aus dem Papyrus Ani.

wonnene Urteil bestimmt dann den weiteren Weg des Ba im Totenreich. Erst wenn der «Feuersee» im Anschluß an das Totengericht die dem Ba noch anhaftenden Begierden und Übel ausgebrannt und geläutert hat, kann die Seele ihren nachtodlichen Weg fortsetzen und sich zu einem unvergänglichen Geist (Ach) verwandeln.(Abb.20) Dies erbittet sich der Tote vom Sonnengott:

«Mögest du meinen Ba zu einem Ach machen,
so daß ich göttlich bin
und dich anbeten kann inmitten der Götter.»[72]

Als göttliches Wesen kann der Ach dann an der Fahrt des Sonnenschiffes teilnehmen und auf einen neuen Sonnenaufgang hoffen.

Was den Ägyptern nach dem Tode widerfährt, das ist dem Pharao schon zu Lebzeiten bekannt.

«Er kennt das Geborenwerden des Re und seine Verwandlung in der Flut. Er kennt jenes geheime Tor, durch das der große Gott herauskommt, er kennt den, der in der Morgenbarke ist, und das große Bild, das in der Nachtbarke ist. ...»[73]

Dementsprechend zeigen die Bilder eines Königsgrabes keinerlei Szenen aus dem hiesigen Leben, auch keine Darstellung vom Totengericht, sondern vor allem die Begegnungen des Königs mit den Göttern (vgl. z.B. Abb. 6, S. 72), sein Opfern und Beten vor ihnen und ihre Gaben und den Gang des Sonnengottes durch die Sphären der Nacht. Der Pharao hat die Stufe erreicht, wo er wie Goethe die feste Überzeugung hat, «daß unser *Geist* ein Wesen ist ganz unzerstörbarer Natur; es ist ein fortwirkendes von Ewigkeit zu Ewigkeit. Es ist *der Sonne ähnlich*, die bloß unsern irdischen Augen unterzugehen scheint, die aber eigentlich nie untergeht, sondern unaufhörlich fortleuchtet.»[74]

Eine solche Überzeugung setzt voraus, daß der Ba schon im Leben eine gewisse Reinheit erreicht haben muß, um in sich den *Ach*, das vierte Wesensglied, aufnehmen zu können. Dieses göttliche Wesensglied ist bei seiner Geburt noch jung und kindlich, erst am Anfang seiner Entwicklung.(Abb.21) Daher kann es wie das Horuskind als Sohn des Sonnengottes abgebildet werden.

Durch die Geburt des Ach-Geistes im König erlangt dieser nicht nur Erkenntnis von göttlichen Welten, sondern auch vom Menschensein. Er lernt jetzt kennen, was dem wachen Tagesbewußtsein unzugänglich bleibt, was also der Ba nicht nur tags, sondern des nachts und auch nach dem Tode erlebt. So kann er in einem Abendgebet an den Sonnengott sagen:

Abb.21: Aus dem Papyrus Ani. Ba und Ach des Königs.

«... mein Vater Re ... befiehl mich der Nacht und denen, die in ihr sind:
dann wirst du mich finden unter denen, die dich ehren, Re, die dich preisen bei deinen Aufgängen, die sich der Nacht vereinen und die Mitternacht durchziehen, wie du, Re, es befohlen hast.
... Ich bin dein Stellvertreter, du hast mich zum Herrn des Lebens gemacht, für den es kein Hinscheiden gibt.
Ich bin einer, der in der Nacht geboren wird ...»[75]

Man sage nicht, was der Pharao hier von sich behauptet, gehöre wie alles andere Verhalten zu seiner Rolle. Dergleichen kommt zwar vor, aber auch dann bezieht sich das Ausgesprochene auf ein ursprüngliches wahres Erleben. Mehr als man ihnen zugestehen würde, berichten die Könige von wirklich eigenen Erfahrungen, zu denen ihnen erst die Krönung den Zugang ermöglichte. Vorher hat niemand etwas Ähnliches verlauten lassen. Durch die Krönung wird der Pharao Teilnehmer an dem Sonnengöttlichen und der zu ihm gehörenden Sphäre der Wahrheit (Maat). Das zeigt auch der Name Ach, der mit Jachu = Sonnenglanz, Licht, zusammenhängt. Und wie der Sonnengott allmorgendlich im Lichtland (Achet) erscheint (chaj), so erscheint (chaj) auch der König auf dem Thron bei seiner Krönung. Das durch die ‹Krönung› erlangte göttliche Wesensglied ist unsterblich, es durchläuft, wie der Sonnengott, immer neue Kreisläufe, sich verwandelnd, metamorphosierend und immer wieder verjüngend. Der Tod verliert auf dieser Stufe seine Schrecken, er wird nur als Übergang von der Sphäre des Sinnen- in die Sphäre des Jenseits-Bewußtseins erlebt. Für die gewöhnlichen Menschen tritt dort Bewußtlosigkeit ein, der Pharao jedoch kann diese Schwelle bewußt überschreiten. Wie natürlich sich dieser Vorgang vollzieht, kommt zuweilen in rührenden Szenen zur Offenbarung, so etwa, wenn Ramses II. nach dem Tode seines Vaters beschließt, die von jenem begonnenen Bauten zu vollenden, da ruft er ihm zu:

«Du bist eingetreten in den Himmel, du folgst dem Sonnengott und bist vermischt mit Sternen und Mond. Du ruhst in der Unterwelt wie die, die darin sind, zur Seite des Osiris, des Herrn der Ewigkeit. Deine beiden Arme treideln Atum (in seiner Barke) im Himmel und in der Erde, wie die Unermüdlichen und Unvergänglichen, indem du am Bug des Sonnenschiffes stehst. Wenn Re am Himmel aufgeht, ruhen deine Augen auf seiner Schönheit; wenn Atum in die Erde eintritt, bist du in seinem Gefolge.»

Und sein verstorbener Vater Sethos I. antwortet ihm:

Abb. 22: Sethos I. als Horus auf dem Schoß seiner Mutter Isis. Tempel Sethos I. in Abydos.

Abb. 23: Mumienstatuette des Tutanchamun mit Ba und Horus. Aus seinem Grab.

«Ich bin in der Unterwelt, ich, dein wahrhafter Vater, der ein Gott geworden ist. Ich bin vermischt mit den Göttern, während ich der Sonne folge, und ich kenne den, der in seiner Barke ist (den Sonnengott).»[76]

Und wieder können wir uns, wenn wir ehrlich sind, dabei ertappen, das Ganze bestenfalls für einen poetischen Schwindel zu halten. Dem steht allerdings die immer wieder vorgebrachte Versicherung entgegen, daß der Pharao die Lüge verabscheut und die Wahrheit (Maat) verwirklicht. Mehr als man vermuten sollte, sind solche Erfahrungen ehrlich ausgesagt. Nur ist die Form dieser Aussage in der Regel so gewählt, wie es dem Fundus der sprachlichen Ausdrucksmöglichkeiten entspricht. Wenn der Pharao nicht nur zu sich selber sprechen wollte, sondern sich an andere Ägypter wandte, dann mußte er ja auf deren Bewußtseinslage Rücksicht nehmen. Sonst wäre er nicht verstanden worden.

Was den ägyptischen König von einem gewöhnlichen Ägypter unterscheidet, ist nicht nur die Tatsache, daß er die Götter erleben und denken kann, sondern daß er ein zusätzliches göttliches Element, den Ach oder Horus in sich verspürt (Abb. 22 – 24), durch

Abb. 24: Dieselbe Statuette wie Abb. 23, von der anderen Seite.

welches diese Fähigkeiten erst aufgeweckt worden sind. Mit ihnen kann er wahrnehmen, was in geistigen Welten geschieht. Eine solche Möglichkeit hat eine völlig andere Kulturstimmung zur Folge als sie etwa heutigen Tages herrscht. Es ist eben etwas anderes, ob die Menschen im Alltag zum Wirken der Götter aufblikken, ja nicht nur zu ihnen aufblicken, sondern sie auch benötigen, oder ob die Menschen von ihrer eigenen Allmacht überzeugt sind. Ein Kulturvolk, das Menschen an seiner Spitze weiß, die sich selber im Zusammenhang mit dem Leben der Götter wissen, wird ganz andere Schwerpunkte setzen und Einrichtungen schaffen als unsere moderne gottverlassene Zeit. Der Umgang mit Toten, Geistern und Göttern war damals lebensbestimmend. Und die Menschen hatten sowohl Erfahrungen von ihrer geistigen Herkunft als auch von ihrer geistigen Zukunft.
Wenn der König durch die Krönung die Führungsaufgabe übernahm, dann änderte sich damit sein ganzes Wesensglieder-Gefüge. Das neue sonnengöttliche Element in ihm durchstrahlte, so anfänglich es zunächst auch auftrat, sein ganzes Wesen. Sein Ba wurde gereinigt – eine Szene, die oft dargestellt worden ist –, sein Ka wurde voller mit Leben, und sein Leib erhielt mehr Kraft. Die

Abb. 25: Der König und sein Ka. Aus der Kapelle Sesostris I. in Karnak.

Verwandlung des Ka muß uns hier besonders interessieren. Denn der Ka wurde der Träger des Horusnamens (Abb. 25), den der König bei der Krönung angenommen hatte. Es gibt eine Szene in einer Stationskapelle Sesostris I. in Karnak, wo dargestellt wird, wie der Gott Amun-Re dem Horusnamen Leben spendet. (Abb.26) Damit erhält auch der Ka als Träger dieses Namens mehr Leben, als er eigentlich von Natur aus hätte. Was kann damit gemeint sein?

Wir haben oben den Ka als gestaltbildende Kraft des Leibes beschrieben. Gibt es auch eine solche Kraft, die dem Geiste, dem neugeborenen göttlichen Element im König, Gestalt verleiht? In der Tat, es gibt sie. Wenn man den antiken Philosophen folgt, so ist es das *Denken*, das den Begriffen die Form verleiht. Und ein gleiches gilt für den alten Ägypter. Wenn er die Tätigkeit des Ka benennt, er also das Wort Ka verbalisiert, so entsteht das Wort «denken» (= ka-j)! Das Denken ist also diejenige Fähigkeit des Ka,

Abb.26: Gott Amun-Re spendet dem Horusnamen Leben. Aus der Kapelle Sesostris I. in Karnak.

die über die gewöhnliche leibbildende Tätigkeit hinausgeht und mit den vom Sonnengott geschenkten Lebensüberschußkräften geistige Gestalten schafft.

Durch die Krönung wird in Ägypten die Möglichkeit geschaffen, daß immer ein Mensch da ist, der denken kann. Ohne diesen wäre keine Veränderung möglich und die Glieder der Volksgemeinschaft wüßten nur das Althergebrachte weiterzutradieren. Er allein hatte die Aufgabe, Neues zu entwickeln und dieses Neue der Kulturgeschichte einzubilden. Diese Tatsache soll nun zunächst weiter in ihren Auswirkungen verfolgt werden, ehe das Geheimnis, das mit der Krönung verbunden ist, noch ein wenig näher angeschaut werden soll. Denn die Krönung ist nicht, das wird aus dem bisherigen schon deutlich, eine rein äußere Zeremonie; sie greift ein in das Wesensgefüge des Menschen und wandelt ihn zum König.

5
DER PHARAO ALS INAUGURATOR DER ÄGYPTISCHEN KULTUR

«Vollkommener Gott, tüchtig und wachsam, klug wie der Erste von Cheseret (= Thot), Sohn des Re, geliebt von der Götterneunheit...»[77]

So beginnt die Liste der Beiworte Thutmosis III. im Festtempel von Karnak.

Diese Liste ist nicht nur eine Aufzählung wünschenswerter Eigenschaften in der Art, daß viel gefordert würde, doch weniges nur zutrifft, sondern eine konkrete Beschreibung derjenigen Fähigkeiten, von denen der König weiß, daß er sie an sich entfaltet hat. Er ist wirklich klug und wahrhaft Gott und kann als solcher andere Götter kennen und von ihnen geliebt werden. Vergegenwärtigen wir uns diese Tatsache, dann können wir vielleicht ein wenig nachfühlen, welchen Abstand der Ägypter empfand, wenn er dem König gegenübertrat. Auch umgekehrt müßte dasselbe gegolten haben, so würden wir vermuten, denn ein Pharao, der solche Fähigkeiten hatte, müßte sich gegenüber der gewöhnlichen Bewußtseinslage weit überlegen fühlen. Und doch ist nirgendwo davon die Rede. Stattdessen verweist der Pharao in der Regel auf seinen Vater Amun, dem er die genannten Fähigkeiten verdanke, der in ihm wirkte und durch ihn handelte. Die Könige empfinden sich als reine Mittlerwesen zwischen Göttern und Menschen, und ihr Selbstbewußtsein beziehen sie aus ihren Taten, nicht aus ihren Fähigkeiten. Ob der Pharao einen Befehl gegeben hat oder der Gott, das ist oftmals nicht zu unterscheiden, in den meisten Fällen verwischen sich die Grenzen.

Vergegenwärtigen wir uns diese Grundhaltung des ägyptischen Königs, dann öffnet sich uns ein Tor zum Verständnis der ägyptischen Kultur. Denn alles, was wir vorfinden an Praktiken, Verhaltensweisen und Kenntnissen, das stammt ursprünglich von einem Pharao oder einem der wenigen Weisen, der auch noch oftmals mit der Königsfamilie verwandt ist. Was durch sie der Kultur eingepflanzt wurde, das setzt sich fort durch Jahrhunderte. Manchmal bleibt die Anweisung noch mit dem Namen ihres Urhebers verbunden, doch gewöhnlich weiß man nur, daß ein Gott vor langen Zeiten auf der Erde weilte und die Menschen belehrte. Noch zu Platons Zeiten lebten diese Traditionen fort, so daß er über die Ägypter berichten konnte:[78]

«Das klingt schon wie ein Wunder. Denn offenbar sind sie bereits vor langer Zeit zu der Erkenntnis gekommen, von der wir jetzt sprechen: daß sich die jungen Leute in den Städten bei ihren gewohnten Übungen der schönen Stellungen und der schönen Melodien befleißen sollen. Sie erließen auch die Vorschriften, welche das sind und wie beschaffen sie sein sollen, und gaben diese in den Tempeln bekannt, und weder Malern noch anderen, wer immer Stellungen irgendwelcher Art bildlich darstellte, war es erlaubt, im Gegensatz zu diesen Vorbildern irgendetwas Neues zu schaffen oder auszudenken als das, was von den Vätern überliefert war; und noch heute dürfen sie dies nicht tun, weder auf diesem Zweig noch sonst in der gesamten Musenkunst. Und wenn du das untersuchst, wirst du dort Malereien und Skulpturen finden, die zehntausend Jahre alt sind – nicht nur so redensartlich, sondern wirkliche zehntausend Jahre –, und zwar sind sie weder schöner noch häßlicher als die, welche heute geschaffen werden, sondern mit derselben Kunstfertigkeit ausgeführt.
Kleinias: Wunderbar, was du da sagst.
Der Athener: Ja, ganz vortrefflich hinsichtlich der Gesetzgebung und der Staatskunst. Freilich könntest du dort auch anderes finden, das weniger gut ist; was jedoch die Musik angeht, so ist es tatsächlich so, und es verdient beachtet zu werden, daß es auf diesem Gebiet doch möglich war, von Gesetzes wegen ohne Bedenken bestimmte Melodien festzusetzen, die in sich von Natur aus richtig sind. Das dürfte doch

wohl das Werk eines Gottes oder eines göttlichen Menschen sein, so wie sie dort behaupten, die Lieder, die sich all diese Zeit hindurch erhalten haben, seien Gedichte der Isis gewesen.»

Es ist eine eigentümliche Stimmung um eine Kultur, wenn man ihre Gaben als von Göttern stammend empfindet. Für die Ägypter war dieses Erlebnis ganz konkret, denn sie wußten, daß in der Vorzeit die Götter noch unter Menschen weilten und herrschten, spät erst zogen sie sich zurück, und von da an handelten Könige an ihrer statt. Aber das waren weise Könige, göttliche Menschen. Sie reichten noch hinauf mit ihrem Bewußtsein in göttliche Regionen und fanden dort die Schöpferkraft, die irdische Welt als ein Abbild der himmlischen zu gestalten. Einer dieser ganz Großen, der zu Beginn der ägyptischen Geschichte an dieser Grenze lebte, war König Menes. Ihm schrieben die Ägypter später all die Leistungen zu, die den Sprung in die Hochkultur einleiteten. Die Erfindung der Schrift und des Kalenders, die Organisation des Staates und der Aufbau einer effektiven Verwaltung, die Verehrung einer einheitlichen Götterwelt sowie die Schaffung eines Kunst-Kanons, die Aufprägung neuer sozialer Verhaltensweisen und die Belehrung der Handwerker – alles dies wurde neu gestaltet und eingeübt. Und das sollte das Werk eines einzigen Menschen sein? Wir sind heute geneigt, einen gewissen Entwicklungsprozeß anzunehmen, wenn auch nur von der Dauer weniger Generationen. Unzweifelhaft ist jedoch, daß die Zeit der Entwicklung bis zur Ausformung der ägyptischen Kultur unglaublich kurz war. «So geht man am besten davon aus, daß die Geburt der ägyptischen Hochkultur das Ergebnis einer geistigen, nicht einer technischen Revolution ist», schreibt Erik Hornung.[79] Und er hat recht. Dergleichen Häufungen von Erfindungen und Neuerungen sind gar nicht anders zu denken als durch den Einschlag eines geistigen Impulses von großer innerer Überzeugungskraft. Alle kleinlichen Vorstellungen aus heutiger Zeit würden doch jämmerlich scheitern. Stelle man sich doch einmal probeweise einen

brain-trust vor, der die Aufgabe bekäme, alles neu zu machen, und male sich die Konsequenzen aus, wenn er sein «Szenario» dann umsetzen wollte. Zuweilen hilft ein solcher Gedanke, um sich die ungeheuer großartige Leistung, die an dieser Wende der Menschheitsgeschichte «erbracht» wurde, ins richtige Licht zu rücken. Wahrlich, da mußten Götter und göttliche Menschen tätig sein. Wenn ein Impuls einer geistigen Revolution entsprungen sein soll, so schließt dieser Gedanke ein, daß es Menschen gegeben haben muß, die ihn ergreifen konnten. Wohl bleiben die schöpferischen Persönlichkeiten der Reichseinigungszeit im Dunkel, denn unter dem einen Namen Menes könnten mehrere Könige verborgen sein, die später nicht mehr voneinander zu scheiden waren, doch auch in geschichtlicher Zeit ist immer wieder zu beobachten, daß sich solche Vorgänge ganz real mit ganz bestimmten und auch allseits bekannten Personen wiederholen.
Eine solche Gestalt ist z.B. *Imhotep.* Von ihm wissen wir definitiv, daß er zur Zeit des Königs Djoser (um 2750 v.Chr.) gelebt hat, denn sein Name und seine Titel erscheinen auf einer Statuenbasis dieses Königs. [80] Er muß eine überragende Persönlichkeit gewesen sein: als Oberbaumeister, der verantwortlich war für die Errichtung der ersten Pyramiden-Anlage, der Stufen-Pyramide von Sakkara (Abb.27), wird er später als derjenige genannt, «der den Steinbau eröffnete». Zwar gab es vorher schon dann und wann einen verbauten Stein, einen Türpfosten und sogar einmal eine mit Steinen verkleidete Wand in einem Grab, aber ein wirkliches Gebäude aus Steinen ist erst unter seiner Führung entstanden. Und dieses war nicht etwa klein, um vielleicht die neu zu entwikkelnde Technik ausprobieren zu können, nein, riesenhafte Dimensionen einschließlich der gleich sechzig Meter hohen Pyramide zeugen von der Kraft, die in diesem Bau-Impuls lebte. Obwohl diese Leistung genügt hätte, Imhotep als einen herausragenden Menschen anzuerkennen, so war er darüberhinaus auch auf anderen Feldern ebenso produktiv. Er wird z.B. als einer der ersten genannt, die eine Lebenslehre verfaßt haben. Zwar ist diese selbst

Abb.27: Pyramide von Sakkara von Südosten.

nicht erhalten geblieben, doch bezeugt worden ist sie oft. Noch in der Ramessidenzeit zeigt ihn ein Grabrelief[81], das berühmte Autoren der Vergangenheit abbildet. Im zweiten Jahrtausend gilt Imhotep überhaupt als «Klassiker» der ägyptischen Literatur und wird als solcher von allen Schreibern hoch verehrt.

Seine größte Wirksamkeit entfaltete Imhotep jedoch auf dem Gebiete der Medizin. Hier scheint er Vortreffliches und Vorbildhaftes geleistet zu haben, denn die Ärzte fühlten sich in seiner Nachfolge, ihm verdankten sie ihr Wissen und an ihn wandten sie sich, wenn sie eines Helfers bedurften. In der Spätzeit hat man ihn dann als Heilgott verehrt und ihm Tempel gebaut; auch die Griechen kannten ihn und setzten ihn ihrem Asklepios gleich. Er soll der Verfasser vieler medizinischer Texte gewesen sein, und vielleicht – das ist schon vermutet worden – ist er der Autor der oben genannten chirurgischen Anweisungen.

Es erstaunt uns nicht, wenn wir von einem solchen Geistesriesen weiterhin erfahren, daß er Hoherpriester des Sonnenheiligtums von Heliopolis gewesen ist. Dadurch müssen ihm die intimsten Geheimnisse des geistigen Lebens bekannt gewesen sein, wie sonst nur dem Pharao, und dementsprechend schöpferisch war seine Person. Hier ist es uns einmal in geschichtlicher Zeit vergönnt, einen Blick «hinter den Vorhang» der Weltgeschichte zu werfen. Hier können wir nicht ausweichen und eine jahrhundertelange Entwicklung vermuten. Hier kennen wir die Person, die Umstände, die Bedingungen und die Ergebnisse, die selbst als Ruinen noch heute von dem Ruck Kunde geben, der sich damals im Kulturleben ereignet hat. Es ist ein ähnlicher Ruck, im kleineren Maßstab, wie der, der sich zu Beginn der ägyptischen Geschichte unter Menes' Leitung ereignet hat – und für uns Heutige ebenso unerklärlich wie damals. Aber eines wird dem Betrachter doch deutlich: dergleichen Ereignisse haben immer einen geistigen Urquell. Eberhard Otto hat gerade diesen Punkt hervorgehoben, wenn er das Entscheidende für die Entstehung der Hochkultur nicht mehr in den einzelnen Neuerungen sieht, sondern im Zusammentreffen aller Faktoren. «Damit wird meines Erachtens klärlich das Entscheidende von den Ereignissen, vom Geschehen weg verlagert in ein sich wandelndes Selbstbewußtsein ihrer Vollzieher.»[82] Ob das Selbstbewußtsein allerdings in unserem modernen Sinne verstanden werden kann, muß hier doch offen bleiben, daß dem Vorgang jedoch ein Wandel im Bewußtsein des ausführenden Menschen zugrundeliegt, ist allemal zuzugestehen. Was hier in großartigen Beispielen auffallend vollbracht wird, das geschieht im Kleinen und unscheinbar doch während der ganzen ägyptischen Kulturgeschichte immer wieder. Es ist ja die Aufgabe der Pharaonen, neue Gedanken der Welt einzuverleiben, und das haben sie getan, so gut oder so bescheiden wie sie es vermochten. Die Freude über das Gelingen klingt noch in vielen Texten nach, die solche Taten vermelden. So berichten z.B. alle diejenigen Beamten, die die Aufsicht über die Handwerker führten, öfter, daß sich der König freute, wenn die Dinge, deren Form er angegeben hatte, in schöner Ausführung abgeliefert wurden. So heißt es etwa in einer Beischrift zu einem Bild, auf dem man sieht, wie dem Könige Halskragen und kostbare Gefäße überbracht werden:

«Herbeiführen der Denkmäler und sie vor (den König) geben zur Inspektion ...; prächtig Ausführen der Arbeiten, wie es Seine Majestät befohlen und gewünscht hat in der Ausführung. Es war aber das Herz des Herrn der beiden Länder zufrieden mit der Ausführung ...»[83]

Wie hier, so wird auch in verschiedenen anderen Grab-Inschriften hervorgehoben, daß der König nicht nur die Kostbarkeiten und Denkmäler bestellt hat, sondern auch deren Formen bestimmte:

«Besichtigen der Werkstätte des Amuntempels und der Arbeiten der Handwerkerschaft ... aus echtem Lapislazuli und neuem Türkis, die Seine Majestät nach seinen eigenen Gedanken gemacht hat ... für seinen Vater Amun in Karnak ...»[84]

Zwar sind diese Vermerke scheinbar nur nebensächlich, aber sie eröffnen doch demjenigen, der auf solche Feinheiten achtet, den Blick für die wirklichen Realitäten. Der König bestimmt nicht nur, *was* zu machen ist, sondern auch *wie* es gestaltet sein soll. Ein ihm wichtiger Gegenstand muß also auch seine «Handschrift» tragen, nicht nur seinen Namen, und dazu muß er den Ausführenden selbst belehren. Das berichten die Inschriften mit schöner Regelmäßigkeit, denn diese Momente, wo der König Beamte und Handwerker besuchte, waren besondere Augenblicke; seine Anwesenheit hob sie aus ihrer Alltagsroutine heraus und bedeutete ihnen viel. So heißt es etwa an jener Stelle des Berichts, wo der Grabherr seine Nähe zum König hervorhob:

«Freund, dessengleichen es nicht gibt; wahrhaft Aufrichtiger seines Herrn, den Seine Majestät selbst belehrt hat ...»[85]

In ähnlichen Fällen kann sich der betroffene Beamte als *«Schüler des Herrn der beiden Länder selbst»*[86] bezeichnen oder als derjenige darstellen lassen, der direkt von seinem Herrn belehrt wurde, wobei dann gelegentlich die Lehre sogar wörtlich zitiert wird. Dafür gibt es das schöne Beispiel Thutmosis III., der sich seinen Vezier erwählte und ihm die Verhaltensweisen, die er von ihm erwartete, ganz direkt zusprach:[87]

«Seine Majestät kannte das Geschehene. Überhaupt gab es nichts, was ihm unbekannt gewesen wäre. Ein Thot ist er in jeder Hinsicht. Nicht gibt es eine Sache, von der er nicht schon volle Kenntnis gehabt hätte. ... Er teilt den Entwurf gemäß seiner Ausführung ein wie ein Gott, der bestimmt und es schafft. Seine Majestät öffnete seinen Mund und sprach vor mir: ‹Siehe, ... willst du handeln gemäß dem, was ich dir sage, dann ruht die Maat auf ihrem Platz.› Er schärfte es mir gar sehr ein: ‹Nimm dich zusammen, handle, sei nicht müde.›»

Nach dieser Einleitung folgt die komplette Rede Thutmosis III., wie er sie wörtlich bei der Amtseinsetzung zu ihm gesagt hatte:[88]

«Blicke du zu dieser Halle des Veziers! Sei wachsam wegen allem, was darin getan wird! Denn es ist der Festpunkt des ganzen Landes. Betrachte nun den Vezier! Siehe, nicht ist es ein angenehmes Amt! Siehe, bitter ist es wie Galle! Siehe, es ist die kupferne Schutzmauer für das Gold im Haus seines Herrn! Siehe, nicht wendet er sein Gesicht zu den Großen und Behörden, und er macht nicht Hörige aus irgendwelchen Menschen. Siehe, wenn ein Mann im Innern des Hauses seines Herrn ist, soll er ihm Gutes tun. Siehe, er soll dergleichen nicht tun für einen anderen. Siehe, die Bittsteller kommen aus Ober- und Unterägypten und dem ganzen Land mit dem Wunsch nach Anhörung in der Halle des Veziers. Ach, möchtest du für dich darauf sehen, daß jede Sache nach dem Gesetz und entsprechend der Bedeutung behandelt werde ... Siehe, über alle Taten eines Großen, der in der Öffentlichkeit richtet, berichten Wasser und Wind. Siehe,

da ist keiner, der nicht wüßte, was er macht … Siehe, des Großen Schutz ist, die Dinge so zu behandeln, wie es die Vorschrift ist und wie es der Bittsteller gesagt hat … Ein Abscheu für Gott ist, wenn man sich auf eine Seite gibt (= parteiisch ist). Dies ist die Lehre. Du sollst entsprechend handeln und den Bekannten wie den Unbekannten, den Nahestehenden wie den Fernstehenden gleicherweise behandeln. Siehe, wenn ein Großer so handelt, dann wird er hier auf diesem Platz dauern. Übergehe keinen Bittsteller, bevor du nicht seine Aussagen gehört hast! … Handle nicht blindlings gegen einen Mann wie ein Gewitter! Weswegen man zornig sein muß, deswegen kannst du zornig sein … Siehe, der Wert eines Großen ist, daß er die Maat tut … Siehe, du hast erreicht, daß du dieses Amt ausübst und die Maat tust. Siehe, wünschenswert ist das Handeln nach der Maat … Siehe, der Vezier ist ihr treuer Sachwalter seit der Zeit des Gottes. Siehe, man nennt den großen Schreiber des Veziers Schreiber der Maat … Wenn jemand vor allen Menschen die Maat tut, der soll Vezier sein. Siehe, ein Mann soll in seinem Amt bleiben! Gemäß dem, was ihm anvertraut ist, soll er die Sachen behandeln. Ist ein Mensch (in ein Amt) eingetreten, dann soll er sich so verhalten, wie man es ihm gesagt hat. Handle nicht nach deinem Willen in Fällen, wo das Gesetz bekannt ist! … Ach, möchtest du handeln gemäß dem, was man dir übertragen hat.»

Immer dann, wenn etwas Neues in die Kultur eingefügt werden sollte, sei es ein Amt, die Form eines Schmuckstücks oder eine andere Raumanordnung eines Tempels, dann mußte der Pharao selbst die Menschen belehren. Es gehörte dies zu seinen Aufgaben, und die Texte berichten immer wieder davon. So ging die ägyptische Kultur durch Jahrhunderte mit wenigen Änderungen gemächlich ihren Gang. Doch dazwischen traten auch immer wieder bedeutende Könige auf, die sich nicht mit bescheidenen Neuerungen zufrieden gaben, sondern große Aufgaben stellten. Ein solcher war z.B. Echnaton. Er unternahm es, die ägyptische Kultur von Grund auf zu reformieren. Dazu mußte er Menschen heranbilden, die für seine Belehrungen zugänglich waren und ihm auch folgen konnten. Dementsprechend häufig wird gerade von ihnen sein Lehren bezeugt. Im Grabe des Eje ist dieses Motiv an allen Wänden zu finden. Da heißt es:[89]

«Ich war der Erste von allen, die Seiner Majestät folgten; er gab die Maat in mein Inneres; Falschheit war mein Abscheu, denn ich wußte, daß Echnaton über sie jubelte, mein Herr, der wissend ist wie Aton (der Gott von Amarna), der Erkenner des Rechten … Mein Herr hat mich belehrt, und ich tue seine Lehre.»
«Der König war es, der mich belehrt hat. Ich sage euch etwas, das wert ist gehört zu werden … Er gebraucht seine Macht gegen den, der seine Lehre mißachtet, und seine Gunst gegen den, der sie kennt.»
«Ich war einer, der dem Ka Seiner Majestät folgte wie er befahl, indem ich unaufhörlich auf seine Stimme hörte; das Ende davon waren Belobigungen und ein Alter im Frieden.»
«Mein Name erreichte den Palast, weil ich nützlich war für den König, weil ich auf seine Lehre hörte und seine Gesetze ausführte.»

Ganz Ähnliches lesen wir im Grabe des Tutu, des Kammerherrn Echnatons:

«Der König erhob sich frühmorgens, um mich zu unterweisen, weil ich so eifrig seine Lehre ausführte.»

Die Lehre eines Königs setzte offenbar alte Gewohnheiten außer Kraft und stand also über diesen, denn sonst würde nicht stets von Neuem betont, daß derjenige, der einer solchen Belehrung folgte, belohnt würde, der andere aber, der nicht zu Veränderungen bereit war, nicht mehr geschätzt wird. In welche seelischen Konflikte die alten zuverlässigen Beamten zur Zeit Echnatons gekommen sein mögen, läßt sich an dieser Stelle nur erahnen. Jeder, der diesen Thronwechsel erlebt hatte, sollte plötzlich anderen Eingebungen folgen als den jahrhundertealten Traditionen, sollte die althergebrachte Götterverehrung aufgeben und einen neuen Gott anbeten. Es ist gut zu verstehen, wenn Echnaton seine treuesten Anhänger nicht im ägyptischen Volksbereich finden konnte, sondern im Reservoir der assimilierten Fremdvölker. Nur für diese war es leicht, den neuen königlichen Unterweisungen zu folgen. Im Grab des Generals Maja wird daher stolz verkündet:[90]

«Mein Herr hat mich nach vorne gestellt,
denn ich tat nach seinen Weisungen
und ich hörte seine Worte ohne Unterlaß
und meine Augen schauen tagtäglich deine Vollkommenheit.
O mein Herr, der du kundig wie Aton bist
und zufrieden mit der Maat,
o wie gedeihlich ist es für den, der auf deine Lehre hört.
Er wird sich sättigen an deinem Anblick,
und er wird ein hohes Alter erreichen.»

Auch im Grab des Hohenpriesters Aton, Merire, ist mit herrlicher Naivität beschrieben, warum er mit Lobgold öffentlich ausgezeichnet wurde:

«Da sagte Seine Majestät zum Vorsteher des Schatzhauses:
‹Gib Gold an seinen Hals, an seinen Arm, an seine Füße,
weil er die Lehre des Pharaos hört›.»[91]

Vergegenwärtigen wir uns nochmals die Sachlage, die aus den bisherigen Beispielen wohl hinreichend deutlich geworden ist: Zu Beginn der ägyptischen Kultur und auch später, immer dann, wenn etwas Neues und Andersartiges als das bisher Gewohnte eingeführt werden soll, muß eine Person auftreten, die ein denkendes Bewußtsein hat. Nur sie kann diejenigen, die auf einer nur nachahmenden, aber prägbaren Bewußtseinsstufe stehen, dieses Neue lehren. Dazu muß sie nicht nur dieses Neue selber begriffen haben, sondern eine Art pädagogischer Fähigkeit besitzen, dieses Neue so zu lehren, daß ein Mensch, der keine eigene Denkfähigkeit hat, damit praktisch umgehen kann. Das ist eine Kunst, und die Weisen haben sie in vielfältiger Art ausgebildet. So hat man charakteristische Bilder gewählt, um bestimmte Handlungen hervorzulocken, hat Muster gegeben, die man nachahmen sollte, und hat sich Beispiele ausgedacht, die rezeptartig angewendet werden konnten. Aber niemals hat man Begründungen gegeben oder Beweise geliefert, weder Anleitungen zum Verstehen noch Wege des Erkennens beschrieben. Dieses mitunter eigentümliche Verfahren bringt natürlich den modernen Beobachter in Unsicherheit. Denn auf der einen Seite kann er z.B. in den mathematischen Papyri lesen, daß der Ägypter die Fläche eines Kreises ausrechnen konnte, daß er die Zahl π mit 3,16 schon ziemlich genau gekannt hat, daß er sogar den Rauminhalt von Rampen und Pyramidenstümpfen berechnen konnte sowie die Rationen, die an Arbeiter oder Soldaten zu verteilen waren[92], doch nie wird er eine Antwort auf die Frage finden, woher denn eigentlich die Regeln stammen. Das merkwürdige Auswendiglernen der Paradigmen, die man im praktischen Leben anwenden konnte, wird genausowenig vom Schüler verstanden wie die Formel, die ein minderbegabter Abiturient in der Prüfung anwendet. Den Umgang damit muß man gelernt haben, um eine bestimmte Aufgabe lösen zu können, wirklich verstanden hat man deswegen noch lange nichts.

Hier liegt das Hauptproblem, wenn wir die Leistungen der Ägypter richtig beurteilen wollen. Es ist wahr, es hat einige wenige denkende Menschen in Ägypten gegeben, die auf vielen Gebieten Großartiges vollbracht haben, aber sie konnten von den normalen Ägyptern nicht verstanden werden. Einfach deswegen nicht, weil sie uneingeweiht nicht denken konnten. Aber sie konnten nachahmen, was ihnen die «Denker» in praktischen Beispielen übergeben hatten. Wenn dieser Unterschied nicht beachtet wird, dann kommt man unweigerlich in die Zwickmühle, die am Anfang dieses Buches dargelegt wurde: «Daß das Urteil über ägyptische Wissenschaft meist recht negativ ausfällt, liegt wohl weniger an ihren tatsächlichen Leistungen als an ihren Zielen. Was dem Ägypter offenbar generell ermangelte, war die wissenschaftliche Neugier, das Bedürfnis, Neuland zu entdecken, der Trieb, vom Erkannten zum Unbekannten weiterzuschreiten, kurz das, was dann wohl erst die griechisch-jonische Wissenschaft in Fluß gebracht hat. Der Ägypter begnügte sich offenbar, wenn er eine Lösung gefunden hatte, die seine praktischen Zwecke erfüllte, und er hielt dann mit beachtlicher Hartnäckigkeit an ihr fest. Es ging ihm nicht darum, die Welt als Ganzes erklären zu wollen. Es genügte offenbar, für ihre Teilerscheinungen praktische Erklärungen zu finden; doch sollte man ihm deshalb nicht die intellektuellen Voraussetzungen für wissenschaftliches und logisches Denken generell absprechen.» [93]

Diese Meinung bedarf der dringenden Korrektur, denn sie verstellt den Blick auf die wirklichen Phänomene. Der gewöhnliche Ägypter hat kein Denken und auch keine Wissenschaft. Was er kennt, sind die mehr oder minder umfangreichen Verhaltensweisen, mit denen er auf eine ihm gestellte Anforderung reagiert. Dazu ist er ausgestattet mit einem gelernten und eingeübten Wissensvorrat, der zwar oberflächlich wie Verständnis klingt, es aber nicht wirklich ist. Das offenbart sich z.B. an der manchmal recht ausführlichen Glossierung heiliger Texte etwa dieser Art: [94]

2 *«Ich bin der Große Gott, der von selbst entstand.*
Was bedeutet das?
‹Der Große Gott, der von selbst entstand› – das
Urwasser ist es, der Urozean, der Vater der Götter.
Andere Lesart: Re ist es.

3 *Der seine Namen schuf, der Herr der Neunheit.*
Was bedeutet das?
Re ist das, der die Namen seiner Glieder schuf;
da entstanden diese Götter, die in seinem Gefolge sind.

4 *Ich bin der, dem man nicht entgegentritt unter den Göttern.*
Was bedeutet das?
Atum ist das, der in seiner Sonnenscheibe ist.
Andere Lesart:
Re ist das, wenn er im Osthorizont des Himmels aufgeht.

5 *Ich bin das Gestern, ich kenne das Morgen.*
Was bedeutet das?
Was ‹Gestern› betrifft – Osiris ist es.
Was ‹Morgen› betrifft – Re ist es, an jenem Tag,
an welchem die Feinde des Allherrn vernichtet
werden und man seinen Sohn Horus als Herrscher einsetzt.
Andere Lesart:
Das ist der Tag des (Festes) ‹Wir bleiben›,
es ist die Auszeichnung der Osiris-Grablege durch seinen Vater Re.

6 *Der ‹Kampfplatz der Götter› wurde nach meinem Befehl eingerichtet.*
Was bedeutet das?
Der Westen ist das. Er wurde für die Bas der Götter
eingerichtet nach dem Befehl des Osiris, des Herrn
der westlichen Wüste.
Andere Lesart:
Der Westen ist das, die Flut ist es.
Re hat jeden Gott zu ihm hinabsteigen lassen,
und da kämpfte er deswegen.

7 *Ich kenne jenen großen Gott, der in ihm ist.*
Was bedeutet das?
Osiris ist es.
Andere Lesart:
Re ist sein Name.
‹Den Re verehrt› ist sein Name –
das ist der Ba des Re, mit dem er selber verkehrt.

8 *Ich bin jener große Phönix, der in Heliopolis ist,*
der Revisor dessen, was ist.
Was bedeutet das?
Osiris ist es.
‹Das was ist› – sein Leichensekret ist es.
Andere Lesart:

Sein Leichnam ist es.
Andere Lesart:
Neheh ist es zusammen mit Djet.
Was Neheh betrifft – das ist der Tag.
Was Djet betrifft – das ist die Nacht.

12 *Entfernt ist alles Übel, das an mir war.*
Was bedeutet das?
Das bedeutet, daß ich am Tage meiner (Neu)geburt gereinigt wurde in den beiden großen und gewaltigen Teichen, die in Herakleopolis sind, am Tag, an dem die Menschen jenem großen Gott opfern, der dort ist.
Was bedeutet das?
Heh ist der Name des einen, ‹Meer› der Name des anderen.
Das sind der Natronsee und der Maat-See.
Andere Lesart:
‹Der Millionen leitet› ist der Name des einen, ‹Meer› der Name des anderen.
Andere Lesart:
‹Sperma von Millionen› ist der Name des einen,
‹Meer› der Name des anderen.
Was endlich jenen großen Gott betrifft, der dort ist
– Re selber ist es …»

In dieser Art wird der Text fortlaufend kommentiert, bis alle 33 Sentenzen des 17. Kapitels des Totenbuches durchgenommen sind. Dabei fällt auf, daß offenbar keine Zeile ohne irgendwelche weiteren Erklärungen verstanden wurde. Der wahrscheinlich aus älteren Zeiten stammende Text[95] war schon ehemals nur für diejenigen aufgeschrieben worden, die mehr verstehen konnten als der normale Ägypter, denn die Inhalte beziehen sich nicht auf sinnliche, sondern auf übersinnliche Tatsachen. Wenn solche Texte durch irgendwelche Zeitenläufe in die Hände derjenigen gelangen, die das Leben nach dem Tode nicht kennen, dann bleibt ihnen doch nur die eine Möglichkeit, das, was sie wissen und schon gelernt haben, mit dem Inhalt, der vor ihnen liegt, zu verbinden. Welche Assoziationen dabei auftauchen, hängt nur von der Menge des Wissens ab, das man sich bereits aus irgendwelchen Quellen angeeignet hat; sie sagen gar nichts aus über ein wahres Verständnis. Die Widersprüche in den oben angeführten Anmerkungen und Lesarten zeigen das nur allzu deutlich.

Es ist in Ägypten immer wieder geschehen, daß ursprünglich heilige Texte, die eigentlich nur vom Pharao verwendet werden durften, diesem Bereich unberechtigterweise entnommen und dann weitertradiert wurden. Das geschah mit den Pyramidentexten ebenso wie später mit den Unterweltsbüchern. Die Aneignung seitens der Unberechtigten führte nun wieder zu dem oben genannten Problem: zwar haben sie jetzt Texte und Bilder und können kennenlernen, was ihnen bisher verborgen war, aber verstanden haben sie damit die Inhalte noch lange nicht! Auch wenn im Titel des «Amduat»[96] steht:

«Zu kennen die unterweltlichen Seelen,
zu kennen die geheimen Seelen,
zu kennen die Tore und Wege, auf denen der Große Gott wandelt,
zu kennen, was getan wird,
zu kennen, was in den Stunden ist, und ihre Götter,
zu kennen den Lauf der Stunden und ihre Götter,
zu kennen ihre ‹Verklärungen› für Re,
zu kennen, was er ihnen zuruft,
zu kennen die Gedeihenden und die Vernichteten.»

Es ist etwas anderes, ob man Bücher nur besitzt oder ob man wirklich kennt, was in den Büchern steht. Zumal diese auch noch so «geschrieben» waren, daß sie Bilder zeigten und Namen nannten, die ohne weitere Erklärungen für sich nicht verständlich sind. Nur dem Erlesenen, der auch Übersinnliches aus eigener Anschauung kennt, waren sie zugänglich. Deshalb wird am Schluß nochmals betont:

«Der erlesene Leitfaden, die geheimnisvolle Schrift der Unterwelt,
die nicht gekannt wird von irgendeinem Menschen, außer dem
Erlesenen.

Gemacht ist dieses Bild in dieser Weise
im Verborgenen der Unterwelt,
unsichtbar, nicht wahrzunehmen!»

Der Erlesene allerdings kennt mehr als nur die Bilder und Texte, und deswegen ist er König. Er kennt nicht nur die Tagesseite der Welt, sondern ebensogut ihre Nachtseite, also das, «was die Welt im Innersten zusammenhält». So kann er mit Recht von sich sagen:[97]

«Der König kennt diese geheime Rede,
die die ‹östlichen Seelen› sprechen,
wenn sie Jubelmusik machen für Re
bei seinem Aufgang, seinem Erscheinen im Lichtland;
wenn sie ihm die Flügel öffnen
der Tore des östlichen Lichtlandes,
auf daß er fahre auf den Wegen des Himmels.

Er kennt ihre Form und ihre Verkörperungen,
ihre Heimat im Gottesland.
Er kennt den Ort, an dem sie stehen,
wenn Re den Weganfang beschreibt.
Er kennt jene Worte,
die die beiden Mannschaften sprechen,
wenn sie die Barke des Himmlischen ziehen.

Er kennt das Geborenwerden des Re
und seine Selbstentstehung in der Flut.
Er kennt jenes geheime Tor, durch das der Große Gott heraustritt.
Er kennt den in der Morgenbarke
und das große Bild in der Nachtbarke.
Er kennt deine Landeplätze im Lichtland
und deinen Lauf in der Himmelsgöttin.»

Der «Erlesene» kennt also nicht nur das, was alle Menschen kennen, sondern auch die jenseitige Welt. Er hört, was sich die Götter sagen, und die Musik, die sie dazu machen. Er kennt nicht nur äußere Gegenstände und Bilder, sondern dazu noch die inneren Verwandlungen von Wesen, wie sie entstehen und wie sie erscheinen. Zwar könnte auch ein solcher Text kommentiert werden wie alle übrigen, aber wenn wir seine Aussagen ernst nähmen, müßten wir zugestehen, daß auch wir in bezug auf solche übersinnlichen Erkenntnisse ein wirkliches Verständnis erst zu entwickeln hätten.

Hier sind wir also wieder zu derselben Beobachtung gekommen, die sich uns schon mehrfach aufdrängte: nämlich, daß die Erwerbung der Denkfähigkeit offenbar mit dem Einblick in geistige Welten verbunden sein muß. Dieser Zusammenhang begründete nicht nur das wahre Königtum, sondern eröffnete gleichermaßen einen schöpferischen Quell, der zur Entwicklung und Wandlung der ägyptischen Kultur vonnöten ist. Die großen Gestalten Ägyptens hatten sich offenbar den Zugang zu ihm erworben und wußten sich seiner zu bedienen.

6
LEBEN UND CHARAKTER DER ÄGYPTISCHEN KULTUR

Jeder moderne Mensch, der sich mit der altägyptischen Kultur beschäftigt, stößt früher oder später auf das hier bereits angesprochene Problem, das Rudolf Anthes in seinem Aufsatz «Mythologie und der gesunde Menschenverstand in Ägypten»[98] in origineller Art so einleitet:
«Der Tischler wie der Steinmetz, der Metallarbeiter und fast jeder andere Handwerker findet beim Besuch eines ägyptischen Museums sich angesprochen von den ägyptischen Erzeugnissen seines Faches. Er versteht ohne weiteres, warum diese oder jene Fuge, dieser Schnitt, jene Form grade so und nicht anders gemacht worden ist. Er ist bereit, vom alten Fachgenossen zu lernen oder auch sich und anderen klarzumachen, daß, warum und wie dies oder das hätte besser gemacht werden können. Immer aber hat er Respekt vor dem guten Werk und erkennt dessen Meister als seinesgleichen an. Der bildende Künstler fühlt sich hingezogen zu den Werken der ägyptischen Skulptur, nicht als ob er sie sich ohne weiteres zum Vorbild nähme, wohl aber in einer lebendigen Auseinandersetzung mit dem Bildhauer jener längst vergangenen Zeit. Der Bauforscher schätzt die solide Arbeit und schilt auf Schludrigkeiten eines Architekten aus der Zeit um 1300 v. Chr. ebenso wie eines, der in unsere Zeit gehört, da er von beiden das gleiche Maß beruflicher Verantwortlichkeit erwarten darf. Ich erinnere mich nicht, jemals im Museum oder sonst einen Fachmann gesprochen zu haben, der nicht kollegiale und hohe Achtung vor dem ägyptischen Handwerk gehabt hätte, und alle sind sich einig in der Anerkennung bester ägyptischer Qualitätsarbeit als zeitlos

vollkommen. Solche Begegnungen sind ein Gruß über Jahrtausende hinweg in die Jetztzeit und zurück auf dem gemeinsamen Boden verantwortungsbewußten, also hohen Menschentums.
Im gleichen überzeitlichen Verständnis menschlicher Gemeinsamkeit arbeitet der Geschichtsforscher. Militärische und politische Entscheidungen der ägyptischen Geschichte beurteilen wir mit dem gleichen Maßstab wie entsprechende Entscheidungen der neueren Geschichte, und niemand kommt auf den Gedanken, etwaige Versager der ägyptischen Staatsleute und Generäle damit zu entschuldigen, daß sie in lebenswichtigen Fragen nicht so logisch hätten urteilen können wie wir. …
Wir haben also weder Bedenken noch Schwierigkeiten, den Ägyptern des Altertums das gleiche Maß des Gefühls für künstlerische und handwerkliche Qualität, der sittlichen Verantwortung und des gesunden Menschenverstandes zuzuerkennen wie uns selbst. Nur auf dem Gebiet der Religion scheint dieses unmittelbare Verständnis zu versagen. Mit der kaum fassbaren Vielzahl der Götter und ihren Tierköpfen kann der Museumsbesucher sachlich nichts anfangen. Der nüchterne Mensch empfindet sie als interessant oder scheußlich; der Mystiker vermutet hinter ihnen eine tiefe, uns verlorengegangene Weisheit; der Halbgebildete wundert sich gar nicht darüber, daß ‹die damals› noch so dumm gewesen und von den Priestern, übrigens drei Jahrtausende lang, in ihrer Dummheit absichtlich festgehalten worden seien; der Muslim, Jude oder Christ mag in dieser Götterwelt einen Maßstab dafür finden, wie groß der Wust von Irrtümern gewesen sei, aus denen die spezielle Offenbarung Gottes in seinem ausgewählten Volke uns herausgeführt habe; und der Ägyptologe legte im rationalistischen Denken der Jahrhundertwende den Grund dazu, daß die Wissenschaft weithin sich damit abfand, daß diese Religion mit ihren Phantasiegestalten ganz unsinnig gewesen sei.»
Nachdem Anthes die Lehre heftig zurückgewiesen hat, «daß ein wesenhafter Unterschied des Denkens und Glaubens bestehe zwischen uns Abendländern, den Erben der griechischen Philoso-

phie, und den Trägern der ‹vorgriechischen›, also nicht von Griechenland beeinflußten Kulturen: in diesen sei die Welt durch ein magisches, vorlogisches oder mythologisches Denken begriffen worden, während wir mit logisch-spekulativem Denken unsern Weltbegriff suchten», fährt er fort: «Für jetzt sollen die vorstehenden Hinweise zeigen, daß nichts uns verbietet, die ägyptische Mythologie an unserer eigenen Denkweise zu messen, so wie wir ägyptisches Handeln und Denken auch auf anderen Gebieten, wie gesagt, nach unseren Maßstäben beurteilen.»

Um hier keinerlei Mißverständnisse aufkommen zu lassen, muß nochmals und ganz eindeutig gesagt werden, daß wohl nichts irriger sein kann als eine solche Ansicht. Weder können wir den Ägyptern das gleiche Maß des Gefühls für künstlerische und handwerkliche Qualität zuerkennen, noch gleiche sittliche Verantwortung, noch den gleichen sogenannten gesunden Menschenverstand, wie wir selbst ihn haben. Auch sollten wir uns hüten, die ägyptische Mythologie an unserer eigenen Denkweise zu messen und ihre Kultur nach unseren Maßstäben zu beurteilen. Gerade das Umgekehrte sollte der Fall sein: die Data der Beurteilung sollten nicht aus uns, sondern aus der Kultur entnommen sein, die zu untersuchen ist. Wenn wir alles und jedes mit unseren Maßstäben messen, geht uns ja gerade das verloren, was uns fremd ist und wofür wir unseren Blick erst schärfen müßten.

In dem bisherigen Verlauf der Untersuchung glaube ich hinreichend deutlich gezeigt zu haben, daß wir die oben angeführten Schwierigkeiten dann überwinden können, wenn wir zunächst einmal das Bewußtsein des Königs von dem seines Untertanen unterscheiden. Der Letztere hat ein Bewußtsein, welches sich ganz anders darlebt als das unsrige. Es reagiert in vorgeprägter und eingelernter Weise auf konkrete Reize der Sinneswelt. Alles, was er tut und erlebt, wird durch diesen Vorgang hervorgelockt, und alles, was in der ägyptischen Kultur gestaltet worden ist, beruht auf diesem Vorgang. So ist es dann auch nicht verwunderlich, daß die Konsequenzen, die aus der Einsicht in diesen Prozeß folgen, zu Gesichtspunkten führen, unter denen man die ägyptische Kultur wie mit neuen Augen ansehen kann.

Zwei Elemente sind bisher deutlich geworden: der sinnliche Reiz und die gelernte Antwort, und zwar in dieser Reihenfolge. Ohne einen äußeren Eindruck würde im Seelenleben des Ägypters keine Empfindung auftauchen, oder umgekehrt: alle Empfindungen, die ein Ägypter haben kann, werden immer nur durch einen sinnlichen Anlaß hervorgelockt. Wer diesen Grundvorgang verstanden hat, wird es nicht mehr absonderlich finden, wenn alle Inhalte, die einem in der ägyptischen Kultur begegnen können, eine äußere Seite haben müssen: Der Gott muß z.B. als Bild oder Statue erscheinen, wenn man ihn erkennen soll, auch der Gottesdienst verlangt die sinnliche Form, ebenso der Totendienst, die Festabläufe usw. Und das nicht deswegen, weil man den Gott oder den Toten als sinnliche Gestalt dächte, sondern deswegen, weil sich die entsprechende Empfindung nicht ohne entsprechenden Eindruck aufrufen ließe. Erst wenn auch irgendein äußerer Vorgang abläuft, folgt das Bewußtsein dem vorgeschriebenen Inhalt. Es ist also notwendig, dem Toten Brote zu backen und Gaben zu opfern, damit man an ihn denkt, denn ohne äußeren Anlaß würde man ihn vergessen. Auch heute noch wird man an sich selbst beobachten, wie z.B. durch regelmäßige Grabpflege immer wieder die Gelegenheit herbeigeführt wird, an den Verstorbenen zu denken. Wenn, wie in der ägyptischen Kultur, das Weiterleben nach dem Tode noch selbstverständlich gewußt wurde, dann sind auch Sitten und Einrichtungen zu erwarten, die dieses innere Leben äußerlich begleiten. Im Alltag, an Festen und an ganz besonderen Tagen im Jahr sind Opfer zu geben, Gebete zu verrichten, Gräber zu besuchen, kurz, es ist all das zu erfüllen, was seit alters an Sitten eingeübt worden ist. Alles dies war streng geregelt, durch Gebote geschützt und durch lange Tradition geheiligt, und niemand wäre jemals auf die Idee gekommen, irgendetwas daran zu ändern. Man hatte gelernt, wie man sich in den verschiedensten Situationen zu verhalten hatte, was man sagen sollte und wo man schweigen mußte. Dem Gebildeten, der viel gelernt hatte, war die Welt bekannt, jedes Zeichen wußte er zu deuten.

Ein vom heutigen Standpunkt aus gänzlich veräußerlichter Gottesdienst, bei dem das Bild des Gottes gewaschen, gesalbt und gekleidet wurde, erschöpfte sich jedoch niemals in solchen Handlungen allein. Das Ritual rief im Vollzieher dieser rituellen Handlungen Erinnerungen und Antworten hervor, die in ihrem Inhalt weit über den äußeren Vorgang hinausgingen. Als Beispiel dafür sei hier der «Spruch zur Darbringung der Maat» angeführt. Indem der Priester eine kleine Figur der Maat vor das Angesicht des Gottesbildes emporhob, wurde rezitiert:[99]

«Ich bin zu dir gekommen, ich bin Thot,
meine Arme sind gefüllt mit Maat.
Sei gegrüßt, Amun-Re, du erlauchter Gott,
Herr der Zeit, wenn er sich mit dem Himmel vereint hat
und als Sonne erscheint in der Morgenfrühe,
der das Lichtland passiert, wie der ‹Aufgehende› getan hat,
nachdem er die Höhlenbewohner erleuchtet hat;
der seinen Leib zu den Göttern führte,
nachdem die ‹Dortigen› sein Bild geschaut haben;
für den seine beiden Lichtaugen umlaufen.
...
Die Maat ist gekommen, um bei dir zu sein,
Maat ist an allen deinen Stätten, daß du mit ihr zufrieden seiest.
Alles, was entstand, im Umkreis des Himmels,
ihre Arme beten dich an Tag für Tag;
du bist es, der Luft gibt an jede Nase,
um zu beleben, was du geschaffen hast mit deinen Händen.
Du bist dieser Gott, der schafft mit deinen Händen,
du allein, kein anderer ist bei dir.

Sei gegrüßt, der du ausgestattet bist mit Maat,
Schöpfer des Seienden, der das, was ist, hervorbrachte;
du bist der vollendete Gott, der Geliebte.

Mögest du gnädig sein, auf daß dir die Götter Maat tun.
Du kommst heraus mit Maat,
du lebst von Maat,
deine Glieder vereinen sich mit Maat,
du läßt Maat sich auf deinem Haupt niederlassen,
damit sie Platz nehme auf deinem Scheitel.

Deine Tochter ist Maat,
du verjüngst dich bei ihrem Anblick,
du lebst vom Duft ihres Taus…

Die Götter verrichten dir ihre Arbeit durch Maat, …
denn sie wissen, daß du von ihr lebst.

Dein linkes Auge ist Maat,
dein rechtes Auge ist Maat,
dein Fleisch und deine Glieder sind Maat,
die Atemluft deines Leibes, dein Herz ist Maat.

Du gehst durch die beiden Länder mit Maat,
du salbst dein Haupt mit Maat,
du gehst, indem deine Hände Maat tragen;
dein Gewand und dein Leinenstoff ist Maat,
die Hülle deines Leibes ist Maat.

Du ißt von Maat,
du trinkst von Maat,
dein Brot ist Maat,
dein Bier ist Maat,
du atmest Weihrauch ein als Maat,
die Luft deiner Nase ist Maat;
Atum kommt zu dir mit Maat.
….

Maat erhebt ihre Arme an dein Gesicht,
dein Herz wird schön durch sie.
Die Enden der Erde kommen zu dir mit Maat,
bis zum Ende dessen, was die Sonne umkreist.

Du bist einzig, du bist hoch, Amun-Re,
Maat ist vereint mit deiner Sonnenscheibe.
Du bist groß, du bist gewaltig, du Herr der Götter,
Maat ist in der gesamten Neunheit. …

Die Majestät des Re-Harachte erscheint,
um dir Maat zu tun in deinen beiden großen Ländern.
Thot bringt dir die Maat dar,
seine Hände tragen ihre Schönheit vor dein Angesicht.

Dein Ka gehört dir, Maat betet dich an,
dein Leib vereint sich mit Maat.
Du freust dich und verjüngst dich bei ihrem Anblick;
Amun-Res Herz lebt, wenn Maat vor ihm erschienen ist.

Deine Tochter Maat ist am Bug der Mesektet-Barke,
sie ist die Eine, die in deiner Kapelle ist.
Solange du existierst, so lange existiert Maat,
solange Maat existiert, so lange existierst du.
…
Du durchläufst den Himmel, du durchziehst die Erde,
Maat ist bei dir, Tag für Tag.
Du gehst unter in der Unterwelt – Maat ist bei dir;
…
Himmel und Erde, …
Götter und Göttinnen folgen deiner Majestät. …

Maat bleibt im Innern von Karnak – wie bleibend ist Maat!
Sie ist allein, du bist ihr Schöpfer,
kein andrer Gott teilt sie mit dir,
außer dir allein in Ewigkeit.»

Dieser Spruch, der die äußere Handlung begleitete, ist in mehrfacher Hinsicht typisch für die ägyptische Kultur: Einmal dafür, daß ein bestimmter Reiz eine ganze Fülle von gerlerntem und zum Teil auch gelehrtem Inhalt aufrufen konnte, der weit über den augenblicklichen Sinneseindruck hinausging, zum anderen dafür, daß der Ägypter eine ungeheure Freude an diesem Wissen hatte. Was wußte er nicht alles von Maat! Dabei ist das Wissen wieder so geformt, daß jeweils konkrete Teilinhalte ins Bewußtsein gerufen werden und erst die ganze «Litanei» einen gewissen vollständigen Eindruck hinterläßt. Dieses Phänomen kennen wir schon aus dem chirurgischen Papyrus und aus den Weisheitslehren, wo es uns darauf hinwies, daß keinerlei Oberbegriffe gebildet werden konnten. Abstraktionsgabe und Denkvermögen hängen miteinander zusammen, sie beim gewöhnlichen Ägypter aufsuchen zu wollen, hieße sein tatsächliches Bewußtseinsleben zu verfehlen.

Das Gefühlsleben des Ägypters

Bis jetzt haben wir hier vor allem das Bewußtsein des Ägypters beachtet, doch sollten wir dabei nicht vergessen, daß der Vorstellungsinhalt auch Gefühle auslöst. Jede Antwort, die das Bewußtsein einem sinnlichen Reiz erteilt, erregt zugleich die menschliche Gefühlswelt, und zwar in vorgeprägter Weise. Der Vorstellungsinhalt und die Gefühle sind dabei wie Pferd und Wagen miteinander verbunden. Gewohnte Begriffe erzeugen angenehme Gefühle, ungewohnte dagegen zunächst einmal unangenehme. Um ein Beispiel dafür zu nennen, sei darauf verwiesen, daß manche Menschen Salat dann gerne essen, wenn dieser sauer schmeckt, andere dagegen , wenn er mit Zucker gesüßt ist. Setzt man dem einen süßen Salat vor, dann gibt man ihm gleichzeitig die Chance, sich in Überwindung zu üben, und umgekehrt. Wie die Gefühlswelt reagiert, hängt wesentlich von der Erziehung ab. Das gilt nicht nur für rein sinnliche Empfindungen, sondern ebenso für alle diejenigen, die sich an gelernte Verhaltensweisen anschließen. Schon die Lebenslehren offenbarten deutlich genug die Tatsache, daß derjenige, der sich den gewohnten Regeln einordnet, belohnt wird und also auch mit angenehmen Empfindungen auf die Belohnung zugehen wird. Auch heute noch gibt es ein allseits schönes Gefühl, wenn der Handwerker oder der Beamte all seine Aufträge zur Zufriedenheit des Auftraggebers erfüllt hat. Die «richtige» Ausführung gemäß dem erwarteten Standard bringt unbedingt Zufriedenheit hervor – ein Gefühl, welches die Grundlage der wohlgeordneten ägyptischen Kultur bildete. Solange der gewohnte Gang zu keinen größeren Problemen führte, das heißt, solange die Maat herrschte, solange befand sich der Ägypter im Gefühl einer großen Annehmlichkeit. Wie mühsam und wie anstrengend das Leben werden kann, wenn nicht mehr äußere Normen bestimmend sind, das wußte der Ägypter noch nicht. Er lebte in einem harmonischen Ganzen, in dem für ihn gesorgt war und das ihm Sicherheit gab. Selbst heute noch lebt die Sehnsucht nach einem solchen Staatswesen in vielen Menschen fort. Sie wären zufrieden, wenn sie ihre Arbeit verrichten könnten, ihr Amüsement hätten und nirgends eigene Initiative zu entwickeln bräuchten, weil sie geführt würden und geführt werden wollten. Damals, in Ägypten, war eine solche Ordnung richtig und berechtigt, denn die Menschen, die noch keine eigene Initiativkraft hatten, brauchten Führung, und die Könige lebten für ihre Aufgabe, selbst den Göttern unterstehend. Heute jedoch würde ein Regierungssystem, das mit unmündigen und angepaßten Bürgern rechnete, unweigerlich und mit Notwendigkeit die Kultur ins Desaster führen. Vormals dagegen war richtig, wenn gesagt wurde: [100]

«Wie gut ist es doch, wenn ein Sohn annimmt, was sein Vater sagt.
Es begleitet ihn bis ins hohe Alter. …
Wie gut ist es doch, wenn ein Sohn auf seinen Vater hört,
wie freut sich der, zu dem gesagt wird:
‹Der Sohn gefällt, er versteht zu hören.›»

Doch neben den angenehmen Gefühlen, die sich einstellten, wenn die Erwartungen in gewohnter Weise erfüllt wurden, traten beim Ägypter vor allem auch dann freudige Empfindungen auf, wenn er sein «Wissen» repetieren konnte. Wissen und Kenntnisse wurden aufs höchste geschätzt, auch wenn sie nur durch Nachahmung entstanden und im Gedächtnis bewahrt waren:

«Ahme deine Väter und deine Vorväter nach!
Erfolgreich arbeiten kann man nur als Wissender.
Ihre Worte sind ja erhalten in ihren Schriften,
schlage sie auf und lies und eifere den Weisen nach!
Denn ein Meister werden kann nur ein Wissender.»[101]

Besonders schön kommt diese Seite der ägyptischen Kultur in den Hymnen zum Vorschein, die zwar für einen Gott gesungen wurden, aber eigentlich nur aus einem Reigen von bedeutsamen Namen bestehen, etwa in dieser Art:

«Erwache du in Frieden,
du erwachst in Frieden;
Atum, Herr der beiden Länder von Heliopolis,
der Allherr, Herrscher der Neunheit, erwacht in Frieden.

Erwache du in Frieden,
du erwachst in Frieden;
Atum, der sich selbst baute,
der den Himmel schuf und die Götter entstehen ließ, erwacht in Frieden.

Erwache du in Frieden,
du erwachst in Frieden;
Atum, Herrscher der Fremdländer,
Herr des Schreckens, Erster der Großen Neunheit, erwacht in Frieden.

Erwache du in Frieden,
du erwachst in Frieden;
Atum, groß an Gestalten, mit geheimer Geburt,
im Fürstenhaus, Großer in Heliopolis, erwacht in Frieden.

Erwache du in Frieden,
du erwachst in Frieden;
Atum, Herr der Maat, der von ihr lebt,
der den Festduft der Götter schuf mit seinem Wohlgeruch, erwacht in Frieden.

Erwache du in Frieden,
du erwachst in Frieden;
Atum, der den Himmel schuf, und sich festsetzte in ihm,
der den Göttern ihre Bas gab, erwacht in Frieden.

Erwache du in Frieden,
du erwachst in Frieden;
Atum, Herr des Schreckens, gewaltig an Hoheit,
bei dessen Erscheinen die Götter frohlocken, erwacht in Frieden.

Erwache du in Frieden,
du erwachst in Frieden;
Atum, mit hoher Doppelfeder, Herr der Wrrt-Krone,
der den Arm erhebt, Erster des Großen Hauses, erwacht in Frieden.

Erwache du in Frieden,
du erwachst in Frieden;
Atum, Herr der Umringlerschlange, mit geknüpftem Scheitel,
Herr der Ehrerbietung, Erster der Neunheit, erwacht in Frieden.

Erwache du in Frieden,
du erwachst in Frieden;
Atum, Luftgott des Himmels, ‹Pfeilerhafter› der beiden Länder,
Herr der Ehrerbietung, Erster der Götter, erwacht in Frieden.

Erwache du in Frieden,
du erwachst in Frieden;
Atum, großer ‹Pfeilerhafter›, der nicht ermüdet,
der den Himmel quert bei Nacht und am Tage, erwacht in Frieden.

Erwache du in Frieden,
du erwachst in Frieden;

Atum, Großer im Himmel, Ältester der beiden Länder,
Gewaltiger im Westen, große Macht des Ostens, erwacht in Frieden.

Erwache du in Frieden,
du erwachst in Frieden;
Atum, der allen Göttern Tempel gibt,
und ihre Feste vermehrt, erwacht in Frieden.»[102]

Wer diesen Hymnus langsam und sorgfältig liest, wird bemerken, welche Fülle von Beiworten nötig sind, um die verschiedenen Eigenschaften des Gottes zu beschreiben. Es gibt im Ägyptischen keine Möglichkeit, das Wesen des Gottes anders zu charakterisieren als durch die Nennung zahlreicher Aspekte. Emma Brunner-Traut hat daher diesen für Ägypten bezeichnenden Vorgang treffend «Aspektive» genannt.[103] Damit wird klargestellt, daß die einzelnen Teile Vorrang haben vor einem Überblick über das Ganze. Dieser könnte ja auch nur durch einen Oberbegriff, das heißt durch ein Zusammenhang stiftendes Denken, erfaßt werden – und das gibt es in Ägypten noch nicht.
Ferner wird man an diesem Hymnus auch bemerken können, welch reiches Wissen in den Beiworten verborgen liegt. Fast jedes Wort ist erklärungsbedürftig. Nicht nur die vordergründig schwierigen Namen wie «Pfeilerhafter», «Herr der Umringlerschlange», «Herr der Wrrt-Krone» usw., auch diejenigen Beschreibungen, die man scheinbar leicht versteht, haben einen erklärungsbedürftigen Umkreis, zu dem sie gehören und der mit aufgerufen wird; manchesmal wird sogar eine geheime Beziehung angerührt worden sein, die nur derjenige verstand, der sie kannte. In Abwandlung des schon zitierten Schlusses des Amduat wird man auch hier sagen können:[104]

«Wer diese geheimnisvollen Worte kennt,
ist ein wohlversorgter Geist.»

Der normale Ägypter, der in die Gesellschaft seines Volkes hineingewachsen war, hatte, wenn er etwas gelernt hatte, mit ihr keine

Probleme. Er war leiblich und geistig «wohlversorgt». Schwierigkeiten konnten nur dann auftreten, wenn ein unvorhergesehener Fall eintrat, für den er nicht vorbereitet war. Das konnte durch Naturkatastrophen geschehen, durch Krankheiten oder Kriegsereignisse, jedenfalls immer dann, wenn die gut eingespielte Ordnung an irgendeiner Stelle gestört wurde. In weniger gravierenden Fällen hatte der Pharao die Aufgabe, solche Störungen zu überwinden. Seine Angaben konnten dem Regelgebäude eingefügt werden und verbessern, was unbedacht zu Konflikten geführt hätte.

Ein kritischer Moment trat jeweils beim Tod eines Königs ein. Der Mittelpunkt des Landes, auf den alles hinorientiert war, fehlte dann plötzlich, und so bestand die Gefahr, daß das Chaos sich ausbreitete. Nur die sofortige Krönung eines neuen Königs konnte die gefährliche Situation bannen. «Durch seine Thronbesteigung beseitigt er das Chaos, setzt Recht (Maat) an die Stelle von Unrecht und verteidigt die etablierte Ordnungswelt Ägyptens gegen ihre ‹Feinde› in jeglicher Gestalt, gegen Fremdvölker, Aufrührer und Tiere der Wüste. … Zugleich ‹erleuchtet› er Ägypten wie die Sonne, womit seine Bautätigkeit und das Errichten von ‹Denkmälern› ganz allgemein gemeint sind, vor allem die monumentalen Tempel- und Grabbauten, in denen seine Schöpferkraft manifest wird.»[105] «Ägypten soll durch diese Taten wieder so werden, wie es ‹zur Zeit des Re› war, als der Sonnengott noch selber auf Erden herrschte, oder ‹wie bei der Schöpfung›, als er die Welt ins Leben rief, als sie ungetrübt zum ersten Mal in seinem Lichte dastand.»[106] Jeder Regierungsanfang ist ein Neubeginn der Welt und wird als solcher verstanden, und weil das so ist, beginnt mit ihm auch eine neue Ära mit einer neuen Zeitrechnung. Damit sind die Wirren beim Tod des Vorgängers überwunden und

«Maat wird auf ihren Platz zurückkehren
während die Sünde vertrieben ist.»[107]

Wie wichtig die Autorität für das Wohlbefinden der Untertanen ist, geht aus dem fein durchgebildeten hierarchischen System hervor. Zwar ist der Pharao der einzige Mittelpunkt für das ganze Land, doch in jeder Region gibt es wieder einen «Großen», der für die niedrigeren Ränge und die Menschen dort im Zentrum steht. Auch dieser darf von den ihm Untergebenen die gleiche Ehrerbietung erwarten, wie der König von ihm. So beginnt z.B. der «Hausvorsteher» Amenemhet seinen Lebenslauf:

«Ich war ein Diener, der seinem Herrn folgt, trefflichen Herzens, der tat, was sein Herr sagte. Er gab sein ganzes Haus unter meine Gewalt und alle seine Verschlüsse unter meinen Einfluß. Mein Kopf war wachsam beim Zählen seiner Habe. Nicht war ich nachlässig beim Verwalten seiner Arbeiten.» [108]

Dieser hierarchische Aufbau der Gesellschaft ist bis in die einzelnen Familien hinein verwirklicht, wobei der jeweils Untere in dem ihm Vorgesetzten den ersten Halt hatte. War das System in Ordnung und ein tüchtiger König an der Spitze, dann hatte jeder Ägypter seinen festen Platz im Ordnungsgefüge des Staates, und sein Grundempfinden war von Sicherheit getragen. Sobald jedoch Lücken in diesem festverknüpften Netz auftraten, unfähige Beamte eingesetzt wurden oder sogar der König selbst nur wenig Kraft besaß, mußte der Ägypter bald jeden Halt verlieren. Von sich aus konnte er den Schwankungen der Zeitenläufe nur wenig Widerstand entgegensetzen, er mußte erleiden, was ihm von seiner Umgebung zukam, und oftmals blieb ihm nur die Hoffnung auf eine bessere Herrschaft.

Die Gefühlswelt eines Ägypters muß sich von der unsrigen grundlegend unterschieden haben. Vergegenwärtigen wir uns seine Situation, dann wird bald deutlich, daß neben den Empfindungen, die auf direkte Reize der Sinneswelt folgen, vor allem diejenigen bedeutsam sein mußten, die von Gewohnheiten hervorgelockt wurden. Die Freude am «Kennen» der Welt, am richtigen Verhalten in ihr, am Erfüllen der Regeln, die Kenntnis der Wohlgeordnetheit nach oben und unten, alles das wird sicherlich zur friedlichen Grundstimmung beigetragen haben. Dabei lebten die Emotionen ganz in der Gegenwart, sie wurden jeweils von außen geweckt, und man hätte immer ein Objekt finden können, an dem sie sich entzündet hatten. Im Gegensatz zu uns fehlten den Ägyptern alle diejenigen Gefühle, die sich an ein reiches Vorstellungs- und Denkleben anschließen. Vorfreude, Enttäuschung, Selbstbewußtsein, Strebelust, Entdeckerfreude usw. kannten sie nicht.

Trotz der sorgfältigen Abgestimmtheit aller Verhaltensweisen und Vorgaben konnte der Ägypter doch in Konflikte geraten. Und zwar immer dann, wenn ein angenehmes Gefühl aufgrund eines Sinnesreizes mit einer Antwort verbunden werden mußte, die dieses Gefühl zu beherrschen lehrte. Dieser Fall trat zum Beispiel dann ein, wenn die Angehörigen einen wohlduftenden Opferkuchen für den Verstorbenen ins Grab gestellt hatten, der jetzt die Antwort hervorrief: *«Du sollst die Opferkuchen der Toten nicht wegnehmen.»* Es ist leicht einzusehen, daß zwei Reaktionsmöglichkeiten hier in Streit geraten können, wobei unsicher ist, welche siegt, entweder das beherrschte eingeübte Verhalten oder die augenblicklich erweckte Begierde. Gerade weil ein jeder Sinneseindruck solche Reaktionen auslöst, mußte durch die gegebenen Regeln das Leben in Zucht genommen werden. Wie schwierig das ist, ist uns wohlbekannt, denn dazu bräuchte man nur einmal beachten, welche Begierden geweckt werden, wenn wir uns durch ein Kaufhaus zwängen, und wie oft wir ihnen nachgeben. Was schleppt man nicht alles nach Hause, obwohl man ursprünglich nur eine Kleinigkeit besorgen wollte!

Die ägyptische Kultur ist auf der Wahrnehmung der gegenständlichen Welt mit dem zugehörigen Verhalten aufgebaut, wobei allerdings der gelernte Anteil die stärkere Kraft hat. Denn es ist nicht so, daß den Ägypter allein der sinnliche Eindruck bestimmen würde, sondern weit mehr die innere Antwort. Und diese geht oft über das hinaus, was von außen als Anregung kommt. Das sahen wir schon bei dem Spruch, der zur Darbringung der Maat rezitiert wurde. Aber wir können es uns auch im gewöhnlichen Alltag verdeutlichen. Ein Beispiel dafür tritt uns im «Rang» der Beamten entgegen. An und für sich ist ein Rang ein unsinnlicher Begriff, doch der Ägypter, für den der hierarchische Aufbau der Gesellschaft grundlegend ist, macht ihn sichtbar. Man verleiht Titel und Würdezeichen, die auf den ersten Blick ein richtiges Erkennen ermöglichen. Das uns prahlerisch scheinende Vorzeigen von Titeln ist dort wirklich bedeutsam, denn sonst wüßte niemand, mit wem er es zu tun hat. Die Bedeutung des Menschen wird noch völlig von außen bestimmt; seinen Wert in sich selbst zu finden, würde eine noch nicht vorhandene Selbständigkeit erfordern. Deswegen zeigen die Titel auch die Anerkennung von oben und machen zur Welt hin bekannt, wie trefflich eine Persönlichkeit wirkt. Das kann in kurzer oder längerer Form geschehen. In amtlichen Schriftstücken genügt die Aufreihung der bloßen Titel etwa in folgender Art:

«Vermögensverwalter des Amun, Senenmut, der Gerechtfertigte, Verwalter der Gärten des Amun, Senenmut, Verwalter der Äcker des Amun, Senenmut, Leiter der Leute des Amun, Senenmut, Priester der Amunsbarke ‹Mächtig ist die Vorderseite des Amun›, Senenmut, Kabinettsvorsteher Senenmut, … .»[109]

Aus dieser Aufreihung von Titeln kann sich der Kenner schon ein ziemlich deutliches Bild machen von dem Menschen, der dahintersteckt. Aber auf derselben Statue, auf der die eben zitierte Inschrift steht, hat Senenmut auch noch sein ganz persönliches Verhältnis zu seinem «Herrn», nämlich zur Königin Hatschepsut zum Ausdruck gebracht, indem er schreibt:

«Ich war ein Edler, den sein Herr liebt, der die Eigenschaften der Herrin der beiden Länder kennenlernt. Sie hat mich vor den beiden Ländern groß gemacht und hat mich zum höchsten Verwalter ihres Hauses eingesetzt, richtend in letzter Instanz im ganzen Land. Ich war Oberhaupt der Obersten und Vorsteher der Vorsteher der Arbeiten. Ich war in diesem Land unter ihrem Befehl, seitdem der Tod ihres Vorgängers eingetreten war. Ich war am Leben durch die Herrin der beiden Länder, der Königin von Ober- und Unterägypten, ‹Maat-Ka-Re› (= Hatschepsut), die ewig leben möge.»[110]

Solche persönlichen Regungen in schriftlicher Form sind sonst selten. Aber sie zeigen klarer als manche offiziellen Dokumente, wie lebensfördernd die hierarchische Einbindung erlebt worden ist und wie eng das menschliche Verhältnis zum Pharao war.
Selbst bei den Titeln war es nicht möglich zu abstrahieren. Jedes Amt muß extra erwähnt werden, als ein Aspekt, der zum Leben des betreffenden Beamten gehört. Aus diesem Grund also und nicht aus Prahlerei werden alle Ämter genannt, die der Betreffende innehat. Die aspektivische Erkenntnisform ist dem Ägypter überall eigen; er kann nicht zusammenfassen, weil er sich nicht von der konkreten Welt lösen kann. Ein Wort wie «Generalsekretär», das einen höheren Rang bezeichnet, ohne die zugehörigen Aufgaben zu nennen, bliebe den Ägyptern unverständlich. Dagegen heißt es genau und eindeutig:

«Fürst und Graf, königlicher Siegelbewahrer, einziger Freund, großer Vertrauter der Herrin der beiden Länder, Verwalter der Hälfte des Hauses des Amun, Vorsteher der beiden Scheunenverwaltungen der vollkommenen Göttin (= Königin Hatschepsut), Vorsteher aller Handwerker des Königs, Duau-neheh.»[111]
oder: *«Fürst und Graf, Gottesvater und Gottesgeliebter, großer*

Freund an der Wache, dem die Vornehmen des Königs den Arm beugen, Vertrauter des Königs im ganzen Land, der zählt, was ist, und berechnet, was existiert in den Städten Ober- und Unterägyptens, der Vorsteher der Scheune des Amun, Vorsteher der Weberei des Königs von Ober- und Unterägypten, der Gelobte des vollkommenen Gottes (= König), der erste Priester des Amun, Men-cheper-Re-seneb.»[112]

Neben den Titeln hat man natürlich auch schon an den Gewändern genauer erkennen können, welche Rangstufe ein Mensch einnimmt. Das sorgfältig gewaschene weiße Gewand und der dazugehörige Schmuck, ein vom König verliehenes Pektoral oder ein bestimmt geformter Halskragen, der Stab, das Szepter usw., alles das sind Würdezeichen, die dem Kenner sagen, um wen es sich handelt. Auch in unserer Kultur gibt es noch Reste solchen Verhaltens: So kann etwa ein Stern auf der Schulter, oder deren zwei oder drei, verraten, welche Rangstufe der Träger erklommen hat. Die Sterne können silbern oder gar golden leuchten, die Mütze mit Eichenlaub bestickt sein, kurz, jedes Detail ist aussagekräftig, wenn man gelernt hat, es zu lesen (was übrigens auch heute noch gründlich geübt werden muß). Alle diese Zeichen bedeuten mehr, als ihr sinnliches Erscheinen zeigt. Ihre Wirkung beruht ausschließlich auf dem zuvor gelernten Bezug, von sich aus sagen sie nichts.

Nach dem gleichen Prinzip lassen sich nun viele Gedanken einer Kultur gestalten, die auf mehr hindeuten sollen als auf das bloße Erkennen der sinnlichen Welt. Unverzichtbar ist allerdings die jeweils äußere Grundlage, an die sich das Lernen anschließen kann. So weiß der Ägypter z.B. genauestens, wie Lob oder Strafe «aussieht». Beide Seelenregungen brauchen einen äußeren Auslöser: Eine Strafe ohne körperliche Züchtigung wäre keine, sowenig wie ein Lob ohne Geschenk. Wenn es nicht «Lobgold» gäbe (Abb.28), könnte der Auszuzeichnende gar nicht begreifen, was vor sich geht. Dazu gehört wenigstens eine bestimmte und öffentliche Überreichungsform und eine Besonderheit des Gegenstan-

Abb.28: Aus dem Grabe des Chaemhet in Theben.
Chaemhet nach dem Empfang von Lobgold.

des. An und für sich kann man einem Objekt nicht ansehen, ob es ein Geschenk sein soll. Aber man kann es als solches kennzeichnen, wenn man es fein verpackt, mit Schleife versieht und so überreicht. Die nackte Gabe wird nicht leicht als solche erkannt, es sei denn, sie hat einen persönlichen Bezug zum Beschenkten. Wenn ihm z.B. etwas gegeben wird, was er sich schon lange gewünscht hat, dann wird er wohl mit Recht annehmen dürfen, daß es auch für ihn bestimmt ist.

Insgesamt ist die ägyptische Kultur eher als statisch denn als bewegt zu charakterisieren. Wenigstens scheint das zunächst ihr vorherrschendes Merkmal zu sein. Wenn man genauer hinschaut, dann würde man bald entdecken, daß dieses Urteil nur für einen Teil der Kultur gilt, nämlich gerade für denjenigen, der sich dem Alltag enthebt und Denkmäler hinterläßt, die von bleibenden, ewig-gültigen Gesetzen bestimmt werden. Jan Assmann, der auf diese Zweigleisigkeit der ägyptischen Kultur zuerst aufmerksam wurde[113] , findet so auch eine Begründung für die «hieratische Stillstellung» der ägyptischen Kultur, die aus inneren Gesetzen heraus sich gegen jede Veränderung wandte. Das Festhalten eines bestimmten Entwicklungsstadiums der Sprache (Mittelägyptisch), der Monumentalschrift der Hieroglyphen, des Regelsystems eines zum Kanon erstarrten Stils muß noch einen tieferen Sinn haben als allein die relative Unbeweglichkeit der Bewußtseinsformen. Denn diese haben sich doch tatsächlich, wenn auch langsam, verändert. Zwar gab es keinerlei Erfindungs- und Neuerungsdruck, wie er etwa aus Griechenland und Rom bekannt ist, und jedermann ist froh, wenn er nicht viel umzulernen hat, doch gibt es Gebiete, in denen langsam und stetig Veränderungen vor sich gehen. Die großen Monumentalformen des Alten Reiches, die Pyramiden, verschwinden allmählich, während die zugehörigen Tempelanlagen größer und bedeutsamer werden, bis sie zuletzt im Neuen Reich überhaupt keinen Pyramidenbauteil mehr enthalten. Die Formen des Grabbaus wandeln sich ebenfalls, zusammen mit dessen Dekoration und Sinngehalt usw. Weiterhin ist zu beobachten, daß allen sachten Änderungen der äußeren Kultur auch Änderungen im Seelenleben der Ägypter parallel gehen. Das Erleben der Götter verschiebt sich im Verlauf der ägyptischen Geschichte von einem mehr gemeinschaftsabhängigen zu einem mehr persönlich gefärbten. Daraus entwickeln sich dann wieder neue Lebensformen, neue Verehrungsformen und neue Festesformen. Und trotzdem braucht der Ägypter über seine ganze Kulturentwicklung hinweg die feste Bindung an geistige

Welten. Diese darf nie gelockert werden, deswegen errichtet er doch die monumentalen Bauwerke und stattet sie mit ewig gültigen Bildern aus. Die Zeitenthobenheit einer kanonisierten Formensprache und nicht nur das Baumaterial bringt Dauer in die ägyptische Kultur.[114] Die Götter leben in jenem ewigen Bereich, aus der Vergänglichkeit der Welt sind sie gänzlich entschwunden. Auch hier wieder ist der Pharao die vermittelnde Gestalt, die beide Welten aneinander knüpft. Er hat nicht nur Einblick in göttliche Welten, sondern auch die Aufgabe, dasjenige, was er dort erfährt, mit der ägyptischen Kultur zu verbinden. Ohne seine Initiative und ohne seine Anweisungen würde diese ihren bedeutsamen und dauernden Charakter verlieren. Denn er hat nicht nur dafür zu sorgen, daß alle Erstarrung vermieden wird, sondern auch dafür, der sich ständig verändernden Welt immer wieder den Charakter der Ewigkeit einzusenken. Erst das Zusammenwirken der geistigen mit der äußeren Welt begründet für den Ägypter ein sinnvolles Dasein.

Die Vorbereitung für eine Entwicklung zum Denken

Die Sonderstellung des Königs ist das auffälligste Merkmal der gesamten ägyptischen Kultur. Aus den bisher dargestellten Phänomenen ist das deutlich genug zu entnehmen. Die Göttlichkeit seines Wesens zum Beispiel und die damit verbundene Möglichkeit, als einziger Sterblicher schon zu Lebzeiten zu den Göttern Zugang zu haben, hob ihn weit über das normale Bewußtsein hinaus und gab ihm eigene Aufgaben; ferner hatte er mehr und Wesentlicheres zu «kennen» als gewöhnliche Menschen, er mußte denken können und daraus Neues ersinnen, kurz, für ihn galten andere Anforderungen als für die Untertanen. Er konnte als einziger Zusammenhänge begreifen, Oberbegriffe und Bilder verstehen, die sonst ausführlicher Aspektzerlegung bedürftig waren.

Bilder, die den «Sonnenlauf» als Ganzen vergegenwärtigten, waren ihm geläufig, die «Maat» erlebbar, das «Vollkommene» oder «Schöne» (nfr) benennbar, aber eben nur ihm. Die anderen eigneten sich zwar später solche Bilder und Begriffe an, doch in den seltensten Fällen werden sie auch begriffen worden sein. Immerhin hat die ägyptische Kulturentwicklung den Weg zum Denken nicht versperrt, und Ansätze dazu waren immer vorhanden. Durch die Pharaonen wurden diese sogar jeweils neu aktualisiert, und weil deren Äußerungen Vorbildcharakter hatten, gingen sie bald in den Wortschatz der Vornehmen über. So tauchten auch dort Begriffe auf, die sich auf übersinnliche Erfahrungen bezogen, da diese aber notwendig «abstrakt» waren, konnte man sie allerdings in ihrer Bedeutsamkeit sicherlich noch nicht richtig erfassen. Wenn es in einer autobiographischen Inschrift heißt:[115]

«Nichts Falsches kam aus meinem Munde,
und nichts Böses geschah durch meine Hände.»,

dann sind «Falsches» und «Böses» Oberbegriffe, die es dem Autor ersparten, konkrete Situationen einzeln aufzählen zu müssen. Daß der Betreffende sich dabei allerdings wieder Gegenständliches vorgestellt haben wird, geht aus einer bekannten Geschichte hervor, in welcher ein Schiffbrüchiger auf einer Insel einem Gott begegnet. Die eigentlich übersinnliche Erscheinung eines Gottes wird darin als Bildwerk beschrieben, so wie es ein Ägypter in einem Tempel hätte sehen können:

«Da hörte ich ein Donnergeräusch
und dachte: ‹Es ist eine Woge des Meeres.›
Bäume krachten, der Erdboden bebte.
Ich enthüllte mein Gesicht und erkannte es:
Es war ein Schlangengott der herankam.
Er maß 30 Ellen, sein Bart, er war mehr als zwei Ellen lang.
Sein Leib war mit Gold überzogen,
seine Augenbrauen aus echtem Lapislazuli.»[116]

Aus dieser Erzählung wird uns von neuem klar, daß der Begriff, den sich der Ägypter von Gott gebildet hatte, am sinnlichen Vorbild entzündet worden ist. Und auf ähnliche Weise könnten alle die obengenannten Begriffe vorgestellt worden sein: Die «Maat» als Figur mit dem Maatzeichen auf dem Haupt, das «Schöne» als goldener Schmuck, das «Böse» als Ereignis beim Totengericht u.ä. Trotzdem die Vorstellungen zunächst an die Gegenstandswelt gebunden waren, eröffnete sich durch solche umfassenden Begriffe doch ein Weg zur allmählichen Loslösung von derselben, eine Vorbedingung dafür, daß später das Denken auftreten konnte. Die Weichen in eine europäische Zukunft sind also hier gestellt worden. Denn wenn an jener Stelle nicht immer wieder lockernd eingegriffen worden wäre, hätte die Gefahr bestanden, daß sich das Vorstellungsleben allmählich in allzu genaue Formen verfestigt hätte, anstatt sich von ihnen zu lösen. Diesen Weg sind später die Indianer gegangen, und ihre Sprache zeigt, wohin die ägyptische Veranlagung, die der ihren ursprünglich ähnlich war, auch hätte führen können. Werner Müller[117], der sich zeitlebens mit den Indianern Amerikas beschäftigt hat und ihre Eigenarten liebt, schätzt an ihnen vor allem den völligen Mangel an Abstraktionsfähigkeit. Ihr unablässiger «und nahezu zwanghafter Bezug auf das Einzelding» scheint ihm ein Vorbild zu sein, um aus der «europäischen Begriffskaserne» herauszufinden. Jede Erscheinung so genau wie möglich zu beschreiben ist dort das Ziel. «Die Sinnlichkeit und Wirklichkeitsfreude der Sprache tritt allenthalben hervor. Es ist etwas anderes für die aztekische Grammatik, ob man lange und runde Gegenstände auf den Boden legt oder flache; ob ein Verbum einen Vorgang ausdrückt, der auf mich hin oder von mir weg gerichtet ist; ob ich mit einem Höhergestellten rede oder mit meinesgleichen (im ersteren Fall sind nämlich gewisse Ehrfurchtspartikel unerläßlich).» Nicht einmal ein allgemeiner Begriff «Baum» existiert, statt dessen gibt es Birken, Eichen, Tannen und Weiden; es gibt keine «Fische», sondern Karpfen, Forellen, Hechte; «nicht ‹essen›, sondern das Verspeisen von Suppe oder

Mus, bei dem man die Zähne nicht gebraucht, oder das Essen von Fleisch, das den Gebrauch der Zähne erfordert.» Dem Europäer, der allmählich in diese Genauigkeit einer sprachlichen Wirklichkeitserfassung eindrang, entpuppte sich «die eigene zivilisierte Sprachweise als Schluderei, ins Ungefähre geredet, ins Undeutliche verwischt, wohingegen das Indianische mit höchster Sorgfalt den Gegenstand, die Situation, den Kontext sozusagen nachzeichnete. ... Wenn zum Beispiel die Tätigkeit des Fischens aufgegliedert wird in das Fischen mit Angelhaken, mit Netz, mit Harpune, mit Fackellicht bei Nacht, mit dem Speer durch ein Loch in der Eisdecke; wenn der Flockenwirbel fallenden Schnees anders erfaßt wird als der am Boden liegende Schnee, und dieser wieder anders als die vom Sturm gepeitschten Schneefahnen; wenn das Waschen unterschieden wird, je nachdem, ob man ein Kind, ein Stück Fleisch, den eigenen Kopf, die eigenen Hände oder Füße wäscht; wenn unser Lieben bis ins Unendliche gefächert wird, in die Liebe zu den Eltern, zu den Geschwistern, zu den Kindern, zu der Gattin, und dabei jedes Mal ein neues Wort auftaucht, das die jeweilige Gefühlslage besonders charakterisiert, so bezeugen diese unter Tausenden herausgegriffenen Beispiele eine Biegsamkeit und Schmiegsamkeit des grammatikalischen Instruments, die kein flektierendes Idiom auch nur von ferne besitzt. Denn das flektierende Sprechen durchläuft vor seiner Lautwerdung einen Begriffsfilter (‹Es denkt für uns›), der jedes Einzelding verkürzt und seine persönliche Farbe zu löschen versucht, wohingegen die indianische Lautbildung konträr verfährt und jeden Wortinhalt so scharf wie möglich herausarbeitet. ...Hier kündigt sich eine Gefahr an, das Scheitern nämlich an der Unermeßlichkeit der Phänomene.» Ägypten dagegen hat frühzeitig eine solche Entwicklung, die durchaus möglich gewesen wäre, zu verhindern gewußt. Bildhafte Ausdrücke der Sprache, nichtsinnliche Begriffe, erlernte Verhaltensweisen, die über den bloßen Sinnesreiz hinausführen, Ansätze zu tatsächlichen Oberbegriffen, alles das waren Mittel, die den Weg zum Denken ebneten. Obwohl die ägyptische Sprache «Zeit» und «Raum» noch nicht kannte, keine «Beziehung» und keine «Lage», weder «Sicherheit» noch «Organisation», so war sie doch beweglich genug, Neues zuzulassen. Der Pharao als Urheber und ständiger Erneuerer dieser Tendenz leitete also nicht nur politisch sein Volk, sondern ebenso dessen geistiges Leben. Aufkeimende, zarte Regungen intellektueller Art wurden von ihm unterstützt und benutzt. Wenigstens vier Persönlichkeiten sind namentlich bekannt, die in der zweiten Hälfte des zweiten Jahrtausends eigene Erfindungen gemacht haben und sich deren in ihrem Grabe rühmten. Als Beispiel sei hier ein Mann namens Amenemhet genannt, der zu Beginn der 18. Dynastie lebte und aufzeichnen ließ, was ihn dazu bewogen hat, eine Wasseruhr zu erfinden, die sowohl die Sommer- als auch die Winterstunden genau anzeigte. Der Pfiff dabei ist der, daß die Tagesstunden im Sommer erheblich länger sind als die im Winter. Darum schrieb er:

«Ich machte eine Uhr, berechnet auf das Jahr. Sie war für den seligen König von Ober- und Unterägypten Amenophis I. schöner als alles andere. Sie war richtig zu jeder Jahreszeit. Nie wurde eine wie sie seit der Vorzeit gemacht. ...» [118]

Dieses «nie wurde eine wie sie seit der Vorzeit gemacht» kennt man sonst nur aus königlichen Inschriften. Hier jedoch äußert sich zum ersten Mal ein Untergebener in diesem Sinn, ein gelehrter zwar, denn er hatte «alle Bücher der Gottesworte» gelesen, doch sichtlich stolz auf seine Erfindung.
Freilich wirkte dieser singuläre Fall noch nicht ansteckend. Ägypten verblieb bewußtseinsgeschichtlich zunächst auf dem Niveau, das es von Anfang an erreicht hatte. Auch der Pharao behielt seine Rolle, die er wenigstens bis zur Amarnazeit treulich erfüllte; was danach kam, müßte modifiziert betrachtet werden und liegt außerhalb unserer Darstellung. Doch bis zu dieser Grenze mußte der Pharao als Sonnengott handeln, und in seinen Taten sollte «der Schöpfungsatem des Weltbeginns spürbar sein», wie Erik Hornung vermerkt. Dieser ungeheure Anspruch wurde tatsächlich an

ihn gestellt, und das Erstaunliche ist, «daß dieser wahrlich nicht bescheidene, vielmehr sehr hoch gegriffene Auftrag und Anspruch nicht am Menschlich-Allzumenschlichen völlig gescheitert ist, daß er ernstgenommen und eine ganze Strecke weit verwirklicht wurde. Hier sind, gegen überall wuchernde Bürokratie und andere Widerstände, tatsächlich produktive Schöpferkräfte frei geworden, denen wir letztlich alles verdanken, was wir heute an der altägyptischen Kultur und ihren Leistungen bewundern.»[119]

7
DIE EINWEIHUNG IN DIE ÄGYPTISCHEN MYSTERIEN

Der Blick auf die Phänomene der ägyptischen Kultur leitete uns zu zwei verschiedenen Bewußtseinsstufen: zu der des normalen Ägypters und zu der des Königs. Da diese Unterscheidung für ein Verständnis Ägyptens grundlegend ist, soll sie an dieser Stelle nochmals hervorgehoben werden.

Die großartigen Leistungen der ägyptischen Kultur sind, wie gesagt, keine aus unzulänglichen Mitteln hervorgegangenen Wunder, sondern aus überschauendem Bewußtsein gestaltete herrliche Werke. Wer versucht, das genauer zu beobachten, dem eröffnet sich ein neuer Blick auf alte Kulturen. In allen treten genau dieselben Probleme auf, und nur durch eine geschärfte geistige Begriffsbildung sind sie überhaupt zu fassen. Mehr als man normalerweise glauben würde, hängt doch das Ergebnis der wissenschaftlichen Forschungen von den Fragen ab, die man stellt, und von den Begriffen, mit denen man diese Fragen bewegt. Ändern sich die Begriffe, dann wandeln sich auch die Fragen; hat zum Beispiel der Forscher einen «Sinn» für religiöse Erscheinungen und nimmt er diese ernst, dann wird er ganz andere Entdeckungen machen können als jemand, dem ein solcher Sinn abgeht.

Obwohl der Anlaß zu dieser Untersuchung höchst einfach ist, nämlich die Entdeckung zweier verschiedener Bewußtseinsstufen in ein und derselben Kultur, so führt er doch bald zu zunächst noch ungeahnten Konsequenzen, zumal für das Verständnis des ägyptischen Pharaos. Es ist bezeichnend für die heutige Zeitlage, daß eine ausführliche Darstellung über das ägyptische Herrschertum sich nur in Äußerlichkeiten erschöpft.[120] Zwar werden die einzelnen Abläufe von der Geburt über die Thronbesteigung bis zur Beisetzung des Königs treulich verfolgt, ohne jedoch jemals die Frage auch nur aufgeworfen zu haben, was denn der Pharao selbst dabei erlebt haben könnte, ob das ernstzunehmen ist, was er tut und sagt, und wie das verstanden werden könnte. Eine solche «Wissenschaft» hätte ebensogut ein alter Ägypter betreiben können, wenn er einerseits aufgeschrieben hätte, was er sah, und andererseits das, was er darauf geantwortet hätte. Das Prinzip, einen sinnlichen Reiz mit einer gelernten Antwort zu verbinden, entsprach seinem gewöhnlichen Leben. Dabei geriet ihm kein Denken dazwischen, er fragte nicht nach, zweifelte nicht und begründete nicht, – es war einfach so. Was er wie zu machen hatte, hatte die Autorität festgesetzt, ihr folgte er in seinem Verhalten, und von dessen Richtigkeit war er selbstverständlich überzeugt. Wie ein Kind, das in einer behüteten Familie aufwächst, nicht in Frage stellt, was seine Eltern tun, so wuchs auch er heran, hörte, was ihm gesagt wurde, und wurde dafür gelobt. Eine solche Bewußtseinslage brauchte Führung, und ohne eine solche wäre das ganze verwikkelte und aufeinander bezogene System schnell zusammengebrochen. Übrigens gelten die gleichen Gesetze für alle vorgriechischen Kulturen gleicherweise. Überall waren bedeutende Führer zu finden, die die ihnen anvertrauten Menschen leiteten, und in fast allen Kulturen kannte man auch die halbgöttlichen Heroen, die wie Minos oder Herakles ihre Zeitgenossen weit überragten und mit dem Ursprung ihrer Kulturen verbunden waren. Alle alten Kulturen wurden von oben inauguriert und geführt, von Menschen, die ihre Impulse dem Einblick in göttliche Welten verdankten. Eine Kultur von unten, allein aus den Bewußtseinskräften der Empfindungsseele heraus, hätte sich niemals bilden können. Wo hätte denn zum Beispiel der Impuls zum Pyramidenbau herkommen sollen, wenn noch niemals eine Pyramide errichtet worden war und immer nur das Altgeübte tradiert werden konnte, wo hätten die neuen Techniken, die man zum Bauen brauchte, erfunden werden können, und wer hätte das ganze Projekt dann organisiert? Wenn Imhotep nicht gewesen wäre, der als «Größter der Schauenden von Heliopolis» nicht den wahrhaften Zugang zur Götterwelt gehabt hätte, dann hätte es niemals eine Pyramidenanlage von Sakkara gegeben. Sie stammt aus seinen, d.h. göttlichen Ideen und den Taten der Menschen, die seinen «Befehlen» folgten.

Eine solche halbgöttliche Führung müssen wir uns ganz anders vorstellen als einen «Führer» in unserer Zeit. Sie hatte andere Voraussetzungen. Selbstlosigkeit und Initiative waren es, was man von einem König ganz selbstverständlich erwartete. Das genau geregelte Zeremoniell und die Erfüllung vorgegebener Aufgaben ließen dem eigenen Streben wenig Raum. Selbstverständlich konnten die Könige die Schwerpunkte für ihre Tätigkeiten mitbestimmen, sie konnten zum Beispiel ihre Aktivitäten zur Vergrößerung des Landes einsetzen oder mehr Gewicht auf das Errichten von Denkmälern legen, doch immer haben sie ihrem Volk mit ganzer Person gedient und es nicht für persönliche Auseinandersetzungen mißbraucht. Streitereien um die Nachfolge und Usurpationen waren höchst selten, eigentlich kannte erst die Spätzeit Ägyptens derartige Degenerationserscheinungen – ein Zeichen dafür, daß die geistige Kraft verloren ging.

Die Sonderstellung des Königs und die tatsächliche Bewältigung seiner Aufgaben wird den aufmerksamen und mitdenkenden Leser immer wieder vor die Frage gestellt haben, woher denn der König seine Fähigkeiten hatte, die jene der übrigen Menschen so weit überragten. Wenn das Volk als gesamtes, wie wir gezeigt haben, das Denken noch nicht kannte, wo hat es der Pharao entwickeln können, und wie ist das zugegangen? Die ganze Grundfrage tritt in bedrängender Form gleich zu Beginn der ägyptischen Geschichte auf. Wer hat denn diejenigen ausgebildet, die eine ganze Kultur auf den Weg zu bringen hatten? Vergegenwärtigen wir uns diese Lage, dann kommen wir unweigerlich dazu, «Schulen» annehmen zu müssen, in denen solche «Erzieher» ausgebildet werden konnten, die größere Aufgaben zu bewältigen hatten als die Weitergabe und Einübung der normalen Fertigkeiten. Denn diese mußten ja zuerst sich selbst und nicht andere umgestalten, mußten neue und höhere Fähigkeiten an sich selbst erbilden, mußten ihr «Menschlich-Allzumenschliches» beherrschen lernen, ehe sie ihr Amt antreten und ihre Aufgabe ergreifen durften.

In einem vorangehenden Kapitel[121] hatten wir schon davon gehört, daß das einschneidendste Ereignis im Leben eines Pharaos seine «Krönung» gewesen sein muß: Da wurde sein Ach geboren, da wurde seine Titulatur mit dem Regierungsprogramm festgesetzt, ab diesem Ereignis nannte er sich Horus und «Sohn des Re» und zählte die Jahre nach seiner eigenen Ära, seit jenem Tage eröffnete sich sein Blick für geistige Welten, so daß er seither die Pläne der Götter erfahren konnte, und nicht zuletzt: von da an konnte er denken. Alles dies ist nur zu leisten, wenn wir uns die Krönung nicht nur als ein äußeres Ritual vorstellen, bei dem der König die Kronen empfangen hat, sondern als inneres Ereignis, welches in das ganze Wesensgliedergefüge dieses Menschen tief eingriff. Solche Ereignisse sind uns aus der antiken Welt nur als «Einweihung» bekannt, als Einweihung in göttliche Mysterien.[122] Auch in Ägypten muß es solche Mysterien gegeben haben, nicht erst in spätantiker Zeit, sonst wären die bisher beobachteten Phänomene nicht erklärbar. Wir können es wenden wie wir wollen, die geistigen Phänomene sind da und aus dem gewöhnlichen Bewußtsein nicht abzuleiten. Woraus werden sie uns dann verständlich? Um gleich vorab ein verbreitetes Vorurteil zurechtzurücken: Ich bin nicht der Meinung, daß Wissenschaft da aufzuhören habe, wo das eigene Denken beginnt. Im Gegenteil: gerade dort wird es interessant, wenn auch die Phänomene «bloß» auf geistigem Felde erscheinen.

Die erste Frage wird nun sein, wie der Nachfolger eines Pharaos überhaupt dazu kommt, König zu werden, denn wenn er noch ganz im normalen Empfindungsseelenbewußtsein lebt, kann er doch nur das wissen und üben, was auch die anderen wissen und können, mit seiner Stellung wäre er zufrieden, und wenn er viel leistete, würde er vom König in ein Amt berufen. Wer aber beruft den König?

Die Antwort eines Ägypters würde ganz selbstverständlich gelautet haben: Gott, oder wenn er genauer wäre: der Sonnengott. Er ist es, der den König erwählt, und bis zu dem Moment der Erwählung hatte der zukünftige Pharao noch niemals daran gedacht. Daß dies tatsächlich so ist, erweisen die «Erwählungstexte», die auf uns gekommen sind. Sogar der große Thutmosis III., der zu den bedeutendsten Gestalten des Neuen Reiches gehört, wurde so zum König bestimmt. Dies vollzog sich zu seiner eigenen Überraschung während eines Festes, bei dem er dem in Prozession ausziehenden Gott zu räuchern hatte. Da geschah folgendes:[122a]

«Amun, mein Vater ist er, ich bin sein Sohn, er befahl mir, daß ich auf seinem Throne sei, als ich noch einer war, der in seinem Neste ist. Er erzeugte mich in der Mitte des Herzens; er bestimmte mich zum Königtum, ... es ist keine Lüge, es ist keine Unwahrheit darin – seitdem ich ein Junge war, als ich noch ein Säugling war in seinem Tempel und meine Einführung als Prophet [= Priestertitel] noch nicht stattgefunden hatte. ... Ich war in Aussehen und Gestalt eines Iunmutef-Priesters. ... Ich stand in dem nördlichen Papyrussäulensaal [des Karnaktempels] ... Amun ging hervor aus der Herrlichkeit seines Horizontes [= als Sonnengott aus dem Tempelinnern]. Er machte Himmel und Erde festlich durch seine Schönheit, er begann ein großes Wunder, seine Strahlen waren in den Augen der Menschen, wie wenn Horus vom Horizonte hervorgeht. Die Untertanen gaben ihm Lobpreis. ... Da opferte ihm Seine Majestät Weihrauch auf der Flamme und brachte dar eine große Opferspende von Rindern, ... Wild der Wüste, ... (...) umzog den Papyrussäulensaal auf seinen beiden Seiten; nicht war es aber im Herzen derer, die vor seinem Tun waren, als er meine Majestät an jeder Stelle suchte; er hatte mich aber erkannt, als er verweilte (... Da warf ich mich auf meinen Bauch vor ihm, erhob mich wieder vom) Boden, verbeugte mich vor ihm, und er

Abb.29: Erwählungsort (vorne links) Thutmosis III. im Tempel von Karnak.

stellte mich vor seine Majestät. Ich wurde hingestellt an den Platz des Herrn. Da wunderte er sich über mich (... nicht ist es) Unwahrheit. ... es gab niemand, der sie [die geheimnisvollen Worte] kannte, es war niemand da, der sie gedeutet hätte. ... Er tat mir auf die Pforten des Himmels, er öffnete mir die Tore seines Lichtlandes. Ich flog empor zum Himmel als ein göttlicher Falke, und schaute sein geheimes Bild im Himmel. Ich verehrte seine Majestät ... Ich sah die Verwandlungen des Horizontbewohners [Re-Harachte] auf seinen geheimen Wegen im Himmel. Re selbst setzte mich ein, ich wurde geschmückt mit seinen Kronen, die auf seinem Haupte waren. Seine Einzige [= Uräusschlange] weilte an meiner Stirn. ... Ich wurde versehen mit seiner Ach-Kraft und kundig gemacht der Weisheit der Götter. ... (... Er setzte mir) meine Kronen auf und setzte mir selbst die Titulatur fest.»

Man hat sich die konkrete Situation so vorzustellen, daß Thutmosis III. in der Ecke eines relativ schmalen Tempelraumes stand (Abb.29), als die Prozession des Gottes in seiner Barke auszog. Offenbar zog dann die Barke nicht nur vorüber, sondern verließ ihren vorgesehenen Weg, kam auf ihn zu und «erkannte ihn». Was das genau heißt, geht aus der Schilderung leider nicht hervor. Im Text folgt dann sofort die Einführung in das Mysterium des Sonnenlaufes und die Krönung. Was dazwischen geschah, ist ausgelassen.

Auch die Erwählung anderer Pharaonen wird auf ähnliche Weise geschehen sein, doch wohl jeweils zur großen Überraschung der Teilnehmer und des Betroffenen. Das zeigt sich besonders schön in der originellen Ansprache, die der Sonnengott an Thutmosis IV. hielt.[123] Als dieser noch ein junger Prinz war, übte er sich im Bogenschießen und Wagenfahren in der Nähe des Pyramidenbezirks von Giseh. Gegen Mittag wollte er seinen Begleitern Ruhe gönnen «bei der Ruine des Horus-im-Horizont, neben Sokar im Friedhof», d.h. der Sphinx.(Abb.30)

Abb.30: Sphinx von Giseh mit der Erwählungsstele Thutmosis IV. zwischen den Pranken.

«Es ruhte aber das Abbild des Chepri, das sehr große, an diesem Platz, groß an Gestalt, geheiligt an Eindruck, indem der Schatten des Re darauf gefallen war. ... Als diese Stunde geworden war, passierte es, daß der Königssohn Thutmosis kam, um sich am Mittag auszuruhen. Er schlief ein im Schatten dieses großen Gottes. Da ergriff ihn der Schlaf des Schlafes zu der Zeit, als die Sonne im Zenit stand. Er fand die Majestät dieses heiligen Gottes mit eigenem Munde reden, wie ein Vater zu seinem Sohn spricht: ‹Sieh mich an, blicke auf mich, mein Sohn Thutmosis! Ich bin dein Vater Horus-im-Horizont-Re-Atum, der dir das Königtum auf Erden vor den Lebenden geben wird. Du wirst die weiße und die rote Krone tragen auf dem Thron des Geb, des Leiters. Dir gehört die Erde in ihrer Länge und Breite, alles, was das Auge des Allherrn erhellt. Die Speise gehört dir vom Inneren der beiden Länder und große Lieferungen jedes Fremdlandes, und eine Lebenszeit mit großer Zeitdauer an Jahren. Mein Gesicht ist dir zugewendet, mein Herz ist dir zugewendet. Du bist mein. Siehe, mein Zustand ist wie der eines, der in Not ist, indem jedes Glied sich auflöst. Der Wüstensand, der, auf dem ich mich befinde, der nähert sich mir, doch ich habe gewartet, um dich das tun zu lassen, das in meinem Herzen war, denn ich weiß, daß du mein Sohn und mein Schützer bist. Ich bin mit dir, ich führe dich.› So beendigte er diese Rede. Da blickte dieser Königssohn staunend, weil er diese Worte gehört hatte, ... weil er die Worte dieses Gottes verstand. Doch gab er Schweigen in sein Herz.»

Neben der Überraschung, daß «er die Worte dieses Gottes verstand», ist auch die Aufgabe, die der Sonnengott Thutmosis IV. gibt, tiefsinnig: Er sollte die Sphinx ausgraben, weil der Wind die Grube, in welcher der Löwenleib der Sphinx ruht, mit Sand zugeweht hatte, nur der Kopf erhob sich noch über die Erde.

Dergleichen Erlebnisse werden damals sicherlich häufiger gewesen sein. Denn jeder König empfand sein Königtum als von Gott bestimmt, und nur dadurch erhielt es seine Rechtfertigung. Die Intention Gottes, so wie sie in einem Vers eines Morgenhymnus ausgesprochen wird:

«Re hat König Amenophis eingesetzt
auf der Erde der Lebenden»,[124]

gab dem Pharao nicht nur die Berechtigung zum Königsein, sondern sogleich auch den geistigen Auftrag dafür. Er mußte dieses Amt auf sich nehmen, weil Gott es ihm gebot, nicht bloß «von Gottes Gnaden» gestattete. Dasselbe dienende Verhältnis, das zwischen dem König und seinen Beamten bestand, bestand auch zwischen dem Sonnengott und dem König. Der Handelnde bei der Erwählung eines neuen Pharaos war Gott, nicht die Menschen.

Dieses uns sehr fernliegende Grundgeschehen des Königseins muß in tiefere Schichten hinabreichen als in bloße Traditionsgebundenheit. Sonst würde dieselbe Tatsache auch nicht jeweils neu und originell formuliert worden sein. Zu allem diesem kommt noch ein weiterer Vorstellungskreis hinzu, der sich an die göttliche Geburt des Pharaos anschließt[125] und der wieder von der Aktivität des Gottes beim Entstehen des Königs berichtet. Die Bildfolge beginnt mit der Verkündigung des Amun an die versammelten Götter, einen neuen König zeugen zu wollen. Nachdem er Erkundigungen über die künftige Königsmutter eingezogen hat, besucht er sie in Gestalt ihres Gatten, gibt sich jedoch bald in seiner wahren Gestalt zu erkennen. Nach der Geburt des Kindes erkennt es Amun als das seinige an mit den Worten: *«Mein geliebter leiblicher Sohn, den ich eines Leibes mit mir gezeugt habe»*[126] und gibt ihm seinen Segen. Nachdem das Kind mit dem Wasser des Lebens übergossen worden ist, wird es den Göttern des Landes als neuer König vorgestellt.

Der König ist also niemals nur deswegen König, weil er das Amt innehat, sondern unzweifelhaft deshalb, weil er ein göttliches Wesen ist und mit der Götterwelt verwandt. Ohne diese Beziehung bestünde das ägyptische Königtum nicht!

Was heißt das nun wirklich? Sind diese Bilder, wie oft vermutet wurde, nur eine Fiktion, um den sonst so trockenen Machtinteressen ein göttliches Mäntelchen umzuhängen? Solche und ähnliche Vorstellungen, die unserer verqueren Zeitlage entnommen sind, hätte ein Ägypter sicher mit innerstem Abscheu zurückgewiesen. Für ihn war dieses Gotteserleben real, so real, wie uns heute die Sinneswelt erscheint. Der Pharao kannte die göttliche Welt aus eigenem Erleben, und was er davon wirklich erfahren konnte, das teilte er öffentlich mit, sofern es die anderen betraf, oder hielt es zurück, wenn die Inhalte dem gewöhnlichen Ägypter nicht verständlich gewesen wären. So entstand eine umfangreiche «Geheimliteratur», die zwar von jedem gelesen werden konnte, doch nur vom wirklichen Kenner verstanden wurde.

Der Sonnenlauf

Das Urbild, das allenthalben die Grundlage für das Weltverständnis des Ägypters und für die geheime Literatur abgab, ist der tägliche Wandel des Sonnengottes.[127] Hieran schlossen sich die banalsten wie auch die tiefsinnigsten Erkenntnisse an, die seit alters die Kultur Ägyptens prägten. So soll auch hier von ihm ausgegangen werden.

Tag für Tag erhebt sich das lebenspendende Gestirn über den Horizont, erwärmt die Erde, lockt die Pflanzen hervor, läßt die Mannigfaltigkeit der Welt erscheinen und erweckt die Menschen zu wachem Bewußtsein. Abend für Abend entschwindet dieses leuchtende Wesen aus der sinnlichen Welt und taucht hinab in den Bereich der Unsichtbarkeit, der Nacht, des Schlafes. In diesen Weltenrhythmus ist auch der Mensch einverwoben, denn sein waches, weltorientiertes Tagesbewußtsein wechselt mit einem dumpfen, kaum bemerkten Nachtbewußtsein. Das eigentliche Wunder in diesem all-täglichen Vorgang ist die lebenserneuernde Kraft der Nacht. Was bewirkt denn, so fragt der Ägypter, das nächtliche Jungwerden der Sonne und des mit ihr verbundenen

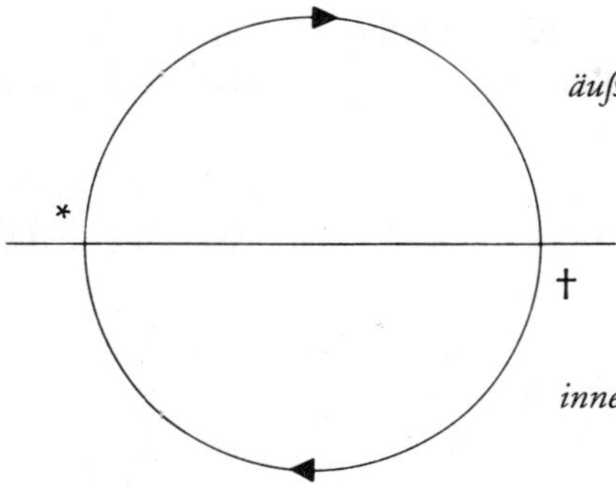

Figur 3

göttlichen Wesens, an dem er erlebt hat, daß es im Laufe des Tages altert und bei Sonnenuntergang stirbt? Was bewirkt denn das Jung- und Frischwerden der Kräfte des Menschen während des Schlafens, nachdem er erschöpft von des Tages Arbeit abends ins Bett sinkt?

Für den Ägypter geht alle lebenserneuernde Kraft von einem gewaltigen Wesen aus, das er in allen Erscheinungen der Natur und des Kosmos als wirksam erlebt. Er hat es mit den verschiedensten Namen benannt (Isis, Hathor, Nut) und ihm die verschiedensten Bilder zugeordnet (Kuh, Löwin, Menschengestalt). Es ist die Herrin aller bewegenden, gestaltenden und leibbildenden Kräfte der Welt. Ihr Leib, der den ganzen Kosmos umfaßt, ist sternenübersät, ihr Inneres von dem das Leben nährenden Urgrund der Welt, dem Nun, erfüllt. Noch im Mittelalter hat man sie als «Natura» erschaut, ehe unser abstrahierendes Bewußtsein die «Natur» daraus gemacht hat; die Göttin wurde aus ihr entlassen.

Dieses gewaltige Wesen ist es, welches den Sonnengott jeden Morgen von neuem gebiert und jeden Abend, nachdem er als fliegender Horusfalke oder als fliegende Sonne den Lauf des Tages vollendet hat, in das eigene Innere aufnimmt. Während der Nacht zieht der verwandelte Gott durch dieses Innere hindurch, verjüngt sich dabei, um am Morgen von neuem geboren zu werden. Ein neuer Kreislauf beginnt.

Der hier beschriebene Vorgang ist verbal im Mythos von Isis, Osiris und Horus enthalten. Dabei ist *Horus* die neugeborene Sonne, die den äußeren Himmel beherrscht, *Osiris* die aus der sichtbaren Welt entschwundene, «gestorbene» Sonne, die der nächtlichen, inneren Seite angehört. Osiris zeugt mit Isis den Horus, der am Morgen geboren wird, heranwächst, altert, stirbt, dabei wieder zu Osiris wird, Isis befruchtet usw. Zum Bild des Sonnenlaufes gehören also drei göttliche Wesen: Vater, Mutter und Sohn, oder auf ägyptisch: Osiris, Isis, Horus. Ohne diese Götter ist der Sonnenlauf nicht vorstellbar. Dabei dürfen wir jedoch nicht vergessen, daß das eigentliche Sonnenwesen sich immer gleich bleibt. Nur seine Erscheinungsformen wechseln: Es ist sowohl im Tagesaspekt des Sonnenlaufes anwesend, hier seine strahlende, sinnliche Seite zeigend, als auch im Aspekt der Nacht, wo es seine schöpferische, innerlich gestaltende Seite darlebt. Beide Seiten sind Offenbarungen des einen Gottes, der sich zwischen den Gegensätzen rhythmisch wechselnd hin und her bewegt und sie daher vermitteln kann – Tag für Tag. Das Medium, in dem und durch welches der Vorgang geschieht, ist jene die Welt erfüllende Muttergöttin.

Das Wissen vom Zusammenhang des Sonnenlaufes und vor allem von der unterweltlichen Verwandlung des Sonnengottes während seiner nächtlichen, nicht sichtbaren Phase, war streng gehütetes Mysteriengeheimnis. Eigentlich kannte nur der König allein den gesamten Kreislauf der Sonne (Abb. 31), das heißt, er wußte, was der Sonnengott in jeder Stunde der Nacht vollbringt und welchen Wesen er dort begegnet.[128] Der gewöhnliche Ägypter hatte dagegen kein Wissen von dem, was in der Sphäre der Nacht eigentlich geschieht. Er empfand zwar, daß er in den Lauf der Sonne verwoben ist, denn auch er erlebte täglich die beiden entgegengesetzten Verhaltensweisen zur Welt: Im Licht des Tages war

Abb.31: Grab der Nefertari.
Der Doppelaspekt des Sonnengottes als Re und Osiris.

auch sein Bewußtsein wach nach außen gerichtet, und im Dunkel der Nacht schien auch sein schlafendes Bewußtsein in anderen Welten zu weilen. Aber erkennen konnte er davon nichts. Erst nach seinem Tode, das wußte er, würde er sich dort wiederfinden und hören können, was im Umkreis des Gottes geschieht. *«Wer dort ist, wird ja sein einer, der im Sonnenschiff steht»*, hieß es im «Gespräch eines Mannes mit seinem Ba». Nur der Pharao wußte schon zu Lebzeiten, was der einfache Mensch erst nachtodlich erlebt:

«Immer geht er aus und ein in der Unterwelt, immer spricht er zu den Lebenden.»[129]

Schon aus diesen wenigen Andeutungen wird deutlich, daß der Ägypter mit dem Bild des Sonnenlaufes tiefer verbunden war, als die Oberfläche zeigt. In einem früheren Kapitel[130] hatten wir schon von Bildern gesprochen, in die umfangreiche Zusammenhänge eingeflossen waren. Derjenige, der denken konnte, das heißt der Pharao, der konnte mit Hilfe seiner sonstigen Kenntnisse enträtseln, was das Bild bedeuten sollte. Selbst am Ende der Antike (3. Jh. n. Chr.) hat Plotin noch gewußt, wie man mit ägyptischen Bildern umgehen soll, wenn er schreibt:

«Die ägyptischen Weisen bedienen sich, sei es aufgrund strenger Forschung, sei es instinktiv, bei der Mitteilung ihrer Weisheit nicht der Schriftzeichen zum Ausdruck ihrer Lehren und Sätze als der Nachahmungen von Stimme und Rede, sondern sie zeichnen Bilder und legen in ihren Tempeln in den Umrissen der Bilder den Gedankengehalt jeder Sache nieder, so daß jedes Bild ein Wissens- und Weisheitsinhalt, ein Objekt und eine Totalität, obschon keine Auseinandersetzung und Diskussion ist. Man löst dann den Gehalt aus dem Bilde heraus und gibt ihm Worte und findet den Grund, warum es so und nicht anders ist.»[131]

Ein normaler Ägypter, der noch ganz in der Empfindungsseele lebt, könnte nicht leisten, was Plotin hier fordert, er bliebe dem Sinnenschein verhaftet, könnte feststellen, was er sieht, aber nicht erkennen, was jener bedeuten soll. Nur wenn er abstrakt gelernt hätte, welche Antwort zu einem bestimmten Bild hinzuzufügen ist, dann könnte er die Bedeutung kennen, doch auch dann niemals verstehen warum.

Wer diesen Unterschied wirklich begriffen hat, dem öffnen sich ganz neue Wege zum Verständnis der ägyptischen Kultur. Er wird nämlich bei jedem Bild, das ihm begegnet, nicht nur erfragen wollen, was es darstelle – das ist ohnedies meistens auch noch schriftlich vermerkt –, sondern vor allem, was es denn eigentlich bedeute. Er kann auf die zweite Frage verzichten, wenn er sie aber stellt, dann wird er oftmals in staunenswerte Tiefen blicken. Um wenigstens anzudeuten, wohin diese Methode führen kann, sei zuvörderst nochmals der Bildgedanke des Sonnenlaufes befragt. Warum ist er dem Ägypter so heilig bedeutsam?

Die erste Bedeutungsebene ist die realistische: das Bild wird als das genommen, was es zeigt, und die zugehörigen Texte werden wörtlich so verstanden, wie sie dastehen. Was der Sonnengott am Tage erlebt und was in den zwölf Stunden der Nacht, das wird beschrieben, auch wie die Verwandlung im Reich des Osiris vonstatten geht und wie sich die Wiedergeburt am Morgen vollzieht. Das erste Problem tritt dann an der Stelle auf, wo dieses Bild nicht mehr als solches von außen betrachtet wird, sondern wo es jetzt auf den Menschen selbst bezogen werden muß. Erst dann muß man sich vom äußeren Bild lösen und es auf einen inneren Vorgang beziehen. Dann wird das Bild des Tageslaufes des Sonnengottes zum Vorbild für den Lebenslauf des Menschen und der Weg durch die Sphären der Nacht zum Vorbild für den Weg des Verstorbenen nach seinem Tode. Da genügt es dann nicht mehr, die Texte wörtlich zu verstehen und zu vermeinen, der «Ägypter» habe, wenn die Schrift vermeldet: «wie Re jeden Tag», darunter ein ewiges Mitschwingen mit dem Sonnengang verstanden. Das wäre zwar tatsächlich die Meinung des normalen Ägypters gewesen, der sich nicht hätte vom Bilde lösen können, aber nicht diejenige des Königs. Für diesen war klar, daß sein Einblick ins

Totenreich Realität besaß, es war ein wirkliches Hinschauen auf die Schicksale der Toten und die mit ihnen verbundenen Geistwesen. Davon hatte er eine höchst differenzierte Kenntnis. Wenn im *Amduat*[132], das heißt in dem «Buch von dem, was in der Unterwelt ist» fast 900 verschiedene Geistwesen namentlich unterschieden werden, dann spricht sich etwas von der Genauigkeit aus, mit der die Urheber dieses Buches die Toten- und Götterwelt beobachtet haben. Sphäre nach Sphäre, d.h. Stunde nach Stunde, wird der Weg des Sonnengottes begleitet bis in die tiefsten Tiefen jenes Reiches und wieder zurück, bis zu seinem erneuten Erscheinen in der Tageswelt.

Vergleichen wir diese Erlebnisse des Urhebers eines ägyptischen Unterweltsbuches mit den Erlebnissen eines Griechen, der in Kenchreä, dem Hafen von Korinth, noch in der Mitte des zweiten nachchristlichen Jahrhunderts in die dortigen Isis-Mysterien eingeweiht wurde, so wie es Apuleius in seinem Roman «Der goldene Esel» beschreibt, dann ist die prinzipielle Übereinstimmung offensichtlich. Da auch damals noch der Verrat von Mysteriengeheimnissen streng geahndet wurde, begnügt sich Apuleius mit wenigen Andeutungen und läßt seinen Lucius verkünden:[133]

«Ich bin an die Grenze des Todes gekommen und habe die Schwelle der Proserpina betreten, durch alle Elemente bin ich gefahren und dann zurückgekehrt; um Mitternacht habe ich die Sonne in blendend weißem Licht leuchten sehen, vor die unteren und die oberen Götter bin ich getreten und habe sie von Angesicht zu Angesicht angebetet. ... Erst gegen Morgen war die Einweihung vollendet. Ich hatte während derselben zwölfmal die Kleidung verändert.»

Wenn auch in dieser späten Zeit das Ganze mehr eine äußerliche Zeremonie gewesen zu sein scheint als ein echter innerer Vorgang, so ist doch der Bezug zum Totenreich immer noch gegeben. Im ägyptischen Totenbuch gibt es einen Spruch, der die Überschrift trägt:[134]

«Die Geheimnisse der Unterwelt. Eine Einweihung in die Mysterien des Totenreiches. Die Sonne sehen, wenn sie untergeht im Leben, im Westen, wenn sie angebetet wird von den Göttern und Verklärten in der Unterwelt.»

Die verbreitete Ansicht, daß die hellenistischen Isis-Mysterien ihren Ursprung nicht in Ägypten, sondern in Griechenland hätten, hat Friedrich Junge mit guten Gründen zurückgewiesen.[135] Er verfolgt deren Charakterisierungen bis in alte ägyptische Zeiten zurück und findet schließlich die Erklärung dafür in den Riten der Priesterweihe: «Priester und Toter haben den gleichen Status. Diesem erlaubt er ein ewiges Leben in der Gemeinschaft mit Gott. Jenem gestattet er, in der Gottesnähe des innersten Tempels die Seligkeit im kultischen Spiel symbolisch vorwegzunehmen. Von hier aus erhalten aber auch die Einweihungsriten, denen Lucius sich unterzieht, ihren Zusammenhang: Sie sind Elemente der ägyptischen Priesterweihe.»

Hiermit stehen wir wieder vor demselben Problem, das doch nicht minder der Erklärung harrt: Es ist ja richtig, wenn die Priesterweihe auf die Bilder im Tempel bezogen ist, aber könnte es nicht sein, daß die Bilder des Tempels selbst Bilder von geistigen Tatsachen sind und sich damit die Götterwelt nicht in der sinnlichen Darstellung erschöpfte! Dem kurzatmigen Sinnesverstand genügt schon der äußere Bezug, dem tiefer Forschenden stellt sich hier erst die eigentliche Frage.

Schon in einem früheren Kapitel wurden wir aufmerksam auf den Einblick, den der König ins Reich der Toten hat[136], er kann nicht nur mit Göttern sprechen, sondern auch verstehen, was die Toten sagen. Der verstorbene Sethos I. kann wirklich seinem noch lebenden Sohn von drüben zurufen:

«Ich bin in der Unterwelt, ich, dein wahrhafter Vater, der ein Gott geworden ist. Ich bin vermischt mit den Göttern, während ich der Sonne folge, und ich kenne den, der in seiner Barke ist.»

Doch nicht erst nach dem Tode erschaut der König die Götter, schon zu Lebzeiten ist er ihnen begegnet [137], das kennzeichnete ja seine Sonderstellung. Und dementsprechend müßte man ihn als Eingeweihten bezeichnen, als Eingeweihten in die geistigen Welten, nicht bloß in irgendwelche Zeremonien, Rituale oder Bücher. Deswegen erhebt sich auch heute von ägyptologischer Seite immer erneut die Frage, ob es nicht doch in Ägypten Mysterien gegeben hat und wie sie zu verstehen sind. So trifft zum Beispiel Erik Hornung in seinen Studien über ägyptische Unterweltsbücher allenthalben auf die leibhaftige Begegnung des Königs mit dem Sonnengott. «Diesen Augenblick, das überwältigende Schauen des Gottes, hält eine Szene in der elften Nachtstunde des Pfortenbuches fest. Dort wird das ‹Gesicht des Re› durch die Unterwelt gezogen und wendet sich voll dem Betrachter zu, was in der ägyptischen Flachkunst eine eher seltene Ausnahme bildet, aber hier den direkten Kontakt betonen soll. Der Verstorbene kennt und schaut den Gott und sein ‹Geheimnis›, er ist ein ‹Eingeweihter› im Sinne der späteren Mysterienweisheit, die viele ihrer Geheimnisse aus altägyptischen Vorstellungen über Tod und Jenseits schöpft. Doch während dort ein begrenzter Kreis von Auserwählten durch einen symbolischen Tod die ‹Einweihung› gewinnt, ist es in pharaonischer Zeit der wirkliche Tod, durch den jeder in die Welt der Götter versetzt wird und die Geheimnisse des Jenseits schauen darf.»[138] Mit Ausnahme des Pharaos, das sollte nicht vergessen werden.

Auch Jan Assmann stößt bei seinen tiefschürfenden Untersuchungen über die ägyptische Religion immer erneut auf die gleiche Frage. Sie wird zum Beispiel dann virulent, wenn es gilt, den folgenden Spruch aus den Sargtexten zu verstehen:

«Wer diesen Spruch kennt,
der wird sein wie der Sonnengott im Osten,
wie Osiris inmitten der Unterwelt.
Er wird in den Flammenkreis eintreten,
und keine Flamme wird ihm jemals entgegenstehen.»[139]

An die Besprechung der damit verbundenen Fragestellungen schließt Assmann die Bemerkung an: «Offen bleiben muß allerdings die Frage, ob nicht vielleicht der Eintritt ins Priesteramt mit einer Initiation verbunden war, die als solche Vorstellungen von Tod und Neugeburt implizierte. Daß dafür keine Quellen erhalten sind, muß nicht heißen, daß es sie nie gegeben hat. Auffallend ist jedenfalls, daß umgekehrt die Totenriten oft als eine Einführung ins Priesteramt ausgestaltet werden. Die Totenriten haben die Funktion, dem Toten die neue Identität eines Ach (‹strahlkräftigen Verklärten›) zu vermitteln, die ihn zum Umgang mit den Göttern befähigt. ... Er muß sich Verhören unterwerfen und Prüfungen bestehen, um schließlich den Göttern als einer von ihnen von Angesicht zu Angesicht gegenüber treten zu können. Diese in ägyptischen Totentexten sehr verbreiteten Vorstellungen und Formulierungen erinnern stark an Sprache und Vorstellungswelt der hellenistischen Mysterien. Die Vermutung liegt nahe, daß auch in Ägypten diese Dinge bereits Entsprechungen in der Welt der Lebenden hatten. Vorerst läßt sich das aber, nach dem bisherigen Stand unserer Quellen, nicht beweisen. So ist es vorsichtiger, alle diese an Mystik und Mysterium erinnernden Phänomene zunächst als Erscheinungsformen ausschließlich der Totenreligion aufzufassen.»[140]

Alle diese Fragen sind jedoch in dem Augenblick keine theoretischen mehr, die man sich so oder so erklären kann, wenn nun tatsächlich auf das andersartige Bewußtsein des Pharaos geschaut wird. Wo kommt dieses her? Da hilft kein Hinweis auf ein Bild weiter, keiner auf einen Ritus, keiner auf eine Ausstattung mit Sprüchen. Hier haben wir eine Tatsache vor uns und keinen Schein. Also nochmals: Kann das eigentümliche Phänomen, das der Pharao selbst auf seine Einführung in die göttlichen Welten zurückführt, anders verstanden werden als durch ein wahrhaftes Schauen aus vollgültiger Initiation? Die Herkunft des Denkens aus dem «Totenglauben» zu erklären, ist schlechterdings unmöglich. Dieser Begriff ist selbst durch das Denken entstanden, und zwar durch ein solches, welches sich aus gänzlich gottverlassenen Zuständen speist und keine Ahnung mehr davon hat, daß die Toten in ebenso wirklichen Welten leben wie die Menschen jetzt hier auf Erden. Jan Assmann hat das Zögern der Ägyptologen, die Frage einmal von dieser Seite anzuschauen, auch nur damit begründet, daß «bei einem Fach, das sich fortwährend zur Wehr setzen muß gegen die Übergriffe einer ‹litterature d'initiés› theosophischer, anthroposophischer u.a. Observanz» diese Zurückhaltung verzeihlich sein mag.[141] Obwohl hier wieder von anthroposophischer Seite (sic!) diese Frage aufgeworfen wird, so sollte man sie doch dringend der wissenschaftlichen Behandlung erwürdigen. Denn davon hängt ab, ob der moderne Mensch ein ernstzunehmendes Verhältnis zur ägyptischen Kultur finden kann, oder ob sein Suchen nur auf nichts erklärende Äußerlichkeiten träfe. Nicht jeder wollte sich damit abspeisen lassen.

Was der König bei seiner Krönung erlebte[142], daß ihm der Sonnengott die Pforten des Himmels öffnete und die Tore seines Lichtlands, daß er aufflog zum Himmel als göttlicher Falke und sein geheimes Bild im Himmel erschaute, das alles sind Beschreibungen, die der Ägypter sonst mit dem Momente des Todes verband. So wird etwa in der Geschichte des Sinuhe der Tod Amenemhets I. mit folgenden Worten eingeleitet:

«Der Eintritt des Gottes in sein Lichtland, indem der König von Ober- und Unterägypten Amenemhet zum Himmel hinaufflog; und die Vereinigung mit der Sonne, indem der Gottesleib aufging in dem, der ihn geschaffen hatte.»[143]

Das Kennen der Mysterien des Sonnenlaufes heißt zugleich auch eingedrungen sein in die Mysterien des nachtodlichen Lebens. Deshalb legt auch der König sein Grab als Abbild des unterweltlichen Sonnenweges an und schmückt es mit den Texten der Unterweltsbücher. Er möchte sich so dem Sonnengott vereinen als *«einer, der die Einweihung in die Mysterien der Unterwelt kennt und eingedrungen ist in die Heiligkeit der Mysterien.»*[144] Was er durch dieses Eindringen in die Mysterien erfahren hat, ist nicht nur ein Wissen von jenen Welten, sondern eine Umwandlung seines eigenen Wesens. Seither spricht der Pharao von seiner Erwählung und von seinen göttlichen Eigenschaften, die ihm der Sonnengott einformte:

«Ich habe dich geboren, wie Re aufgeht,
ich habe dich erhöht an der Spitze der Götter ...
Ich mache dein Herz göttlich wie das meine,
ich erwähle dich, ersehe dich, bereite dich,
dein Geist ist erleuchtet, dein Ausspruch wirksam,
nichts ist dir unbekannt,
du bist klüger heute als gestern
und belebst die Menschheit mit deinen Ratschlüssen.
Ich habe dich zum König der Zeitfülle eingesetzt
und zum Herrscher der Dauer. ...
Ich habe dir jenes göttliche Amt gegeben,
damit du die beiden Länder als König beherrschst. ...»[145]

Das Wirken des väterlichen Sonnengottes, der den ganzen Prozeß des Königwerdens initiiert, wird vom Wirken einer Muttergöttin begleitet, die als Isis (oder Hathor) das neugeborene Geisteskind aufzieht und pflegt, wie ihren Sohn Horus in Chemmis.
In der Hathorkapelle des Tempels von Der-el-Bahri spricht die Göttin zur Königin Hatschepsut:

«Ich bin zu dir gekommen, meine geliebte Tochter Hatschepsut,
um deine Hand zu küssen und deine Glieder zu lecken,
um deine Majestät mit Leben und Heil zu vereinen
wie ich es für Horus getan habe
im Papyrusdickicht von Chemmis.
Ich habe deine Majestät gesäugt an meiner Brust,
ich habe dich erfüllt mit meiner Zauberkraft,
mit jenem meinem Wasser des Lebens und des Heils.
Ich bin deine Mutter, die deinen Leib aufzog,
ich habe deine Schönheit geschaffen.
Ich bin gekommen, dein Schutz zu sein

und dich von meiner Milch kosten zu lassen,
auf daß du lebest und dauerst durch sie,
du wirst vortrefflich durch sie, du wirst klug durch sie. ...»[146]

Dergleichen Erlebnisse des Königs sind keineswegs bloß allegorisch zu verstehende Ausdeutungen abstrakter Wahrheiten und keine erfundenen Mythen, sondern wahrhafte und wirkliche Bilder der eigenen seelischen Erfahrungen. Sie fügen sich nahtlos in den Zusammenhang ein, der aus allen vorchristlichen Mysterien bekannt ist.

Die Einweihung

Es ist nicht leicht, den Begriff der Mysterien, der für uns zunächst aus den griechischen Überlieferungen stammt, genauer zu charakterisieren. Auf ihren Verrat stand die Todesstrafe, so daß gelegentliche Anspielungen genügen müssen, um die Grundgegebenheiten zu erschließen. Aus allen Nachrichten über die Mysterien geht jedoch unzweifelhaft hervor, daß sie zweistufig waren.[147] Die erste Stufe bestand aus einer umfassenden Belehrung über die geistige Seite der Welt, als eine Art Vorbereitung für den eigentlichen Initiationsvorgang. Die Belehrung fand aber sicher nicht in der Art statt, wie wir uns heute eine Belehrung vorstellen würden. Sie hatte vielmehr die Aufgabe, neben der reinen Wissensvermittlung, im selben Strome auch das moralische Leben zu fördern und zu pflegen. Man kann vielleicht etwas von der Stimmung erahnen, die den Neophyten durchzog, wenn man sich vergegenwärtigt, was Ignaz Paul Troxler bewegte, als er sich anschickte, seine erste Vorlesung über Philosophie zu halten. Indem er sein inneres Streben zu formulieren sucht, sagt er: «Die erste Erfahrung, die ich im Umgang mit ihr (der unbekannten Göttin Philosophie) machte, war die, daß diese Göttin lange geliebt und verehrt sein will, ehe sie ihren Schleier lüftet und sich recht zu erkennen gibt. Wer das Göttliche schauen will, muß es ahnen, nach ihm sich sehnen, nach ihm streben. Aber das Schauen des Göttlichen ist auch das größte Bedürfnis und die höchste Bedingung menschlichen Daseins, also gewiß der Mühen, Leiden und Opfer wert, deren Preis es ist.»[148] Wenn man den Zusammenhang nicht kennte, in dem diese Worte gesprochen wurden, könnte man an einen alten Weisen denken, der die Götter durch die Einweihung zu schauen hoffte.

Selbstverständlich geht dieser Weg durch lange und strenge Vorbereitungen. Denn die Einführung in die wirklichen Mysterien steht als Erleuchtung (Photismos) erst am Ende von Reinigungs- und Prüfungszeiten (Katharsis). So muß es zum Beispiel sowohl die Feuer- als auch die Wasserprobe gegeben haben, die in solchen Schulungen in Ägypten zu bestehen waren.[149] In einem Sargtext[150] heißt es dazu:

«Nicht bin ich durch Feuer zu verbrennen, nicht bin ich durch Wasser zu benetzen, ... ich werde sein wie Re, neugeboren jeden Tag.»

All dies ist noch nicht die Verwandlung des eigenen Wesensgliedergefüges. Dazu bedarf es tieferer Eingriffe. Durch stetiges und mitunter langjähriges Üben läßt sich zwar das eigene Seelenleben verändern, lassen sich neue Organe anlegen und Begierden beherrschbar machen, aber die Schwelle des Todes bleibt bestehen. Diese läßt sich erst im eigentlichen Einweihungsereignis überschreiten. Wie geht dies vor sich?

Hier stehen wir vor dem eigentlichen Rätsel, das als solches nirgendwo beschrieben wird. Es ist geheim geblieben bis heute. Die es erlebt haben, hatten zu schweigen gelernt, und was sie verlauten ließen, wurde in eine Bildersprache gegossen, die nur derjenige verstand, der schon wußte, auf was sich die Inhalte bezogen. Erst durch Rudolf Steiner, dessen eigenes Schauen in diesen Bereich vordrang, ist der Einweihungsvorgang ein wenig enthüllt worden. In vielen Vorträgen hat er davon gesprochen, so daß man sich jetzt, wenn man die Wesensglieder des Menschen »kennt», eine Vorstellung von dem bilden kann, was eigentlich geschah. Der Kern des Vorgangs ist folgender:[151]

«Ein Mensch, der eingeweiht worden war, konnte selbst Erlebnisse, Erfahrungen haben in den geistigen Welten, so daß er ein Zeuge werden konnte der geistigen Welten. Diejenigen, die reif befunden wurden, eingeweiht zu werden, wurden in die Mysterien hineingezogen. ... Da wurden die Einzuweihenden lange unterrichtet; ... und wenn sie genügend unterrichtet waren, folgte das, was ihnen den Weg öffnete, um selbst zu schauen. ... Was da geschah mit dem Einzuweihenden, war, daß er durch den Initiator, durch den Einweihenden, der die Sache verstand, dreieinhalb Tage in einen totenähnlichen Zustand versetzt wurde. Das geschah aus folgendem Grunde: Wenn der Mensch nämlich im heutigen Entwickelungszyklus im gewöhnlichen Sinne schläft, so liegen sein physischer Leib und Ätherleib im Bett, das Ich mit dem Astralleib ist herausgehoben. Der Mensch kann dann nicht irgendwelche geistigen Ereignisse um sich herum wahrnehmen, weil sein Astralleib noch nicht die geistigen Sinnesorgane hat, um in der Welt, in der der Mensch dann ist, wahrzunehmen. Erst wenn sein astralischer Leib und sein Ich wieder hineinschlüpfen in seinen physischen und Ätherleib, sich wieder der Augen und der Ohren bedienen, nimmt der Mensch wieder die physische Welt, das heißt überhaupt eine Umwelt wahr. Durch das, was die Einzuweihenden gelernt hatten, wurden sie fähig, die geistigen Sinnesorgane ihres astralischen Leibes herauszubilden. Wenn sie nun soweit waren, daß ihr astralischer Leib diese Sinnesorgane ausgebildet hatte, mußte dafür gesorgt werden, daß alles, was der astralische Leib in sich aufgenommen hatte, sich in den Ätherleib eindrückt, wie die Worte eines Petschafts sich in den Siegellack eindrücken. ... Alle Vorbereitungen für die Einweihung beruhten darauf, daß der Mensch sich solchen inneren Vorgängen hingab, welche seinen astralischen Leib umorganisierten. ... Was der Mensch durch Meditation, Konzentration übt, und was er dadurch innerlich erlebt, ... dadurch wird der astralische Leib umgeformt, und dadurch werden herausgeholt die Erkenntnisorgane, um zu schauen in der astralischen, der höheren Welt.» Dieses

Abb. 32: Sargkammer der Unas-Pyramide.

Schauen hätte jedoch nicht bewußt erlebt werden können, wenn nicht eine Verbindung zwischen den neugebildeten Organen und dem Ätherleib hätte hergestellt werden können. «Dazu mußte ehedem der Ätherleib herausgehoben werden aus dem physischen Leibe. Wenn also in den dreieinhalb Tagen des totenähnlichen Schlafes der Ätherleib herausgehoben war aus dem physischen Leibe, drückte sich alles das, was im Astralleibe vorbereitet war, ab. Der Mensch erlebte die geistige Welt. Wurde er dann wieder durch den Priester-Initiator zurückgerufen in den physischen Leib, so war er ein Zeuge dessen, was in den geistigen Welten vorgeht, durch sein eigenes Zeugnis.»

Was Rudolf Steiner hier mit Ätherleib und Astralleib bezeichnet, das sind Wesensglieder des Menschen, die auch der Ägypter kannte, als Ka und Ba.[152] Wie schon oben gesagt, ist der Ka diejenige Kraft, die uns das körperhafte Sein ermöglicht und während des ganzen Lebens innig mit uns verbunden bleibt. Erst beim Tode entläßt der Ka den Leib und kehrt in das «Gefilde des Ka» zurück. Wenn nun hier davon gesprochen wird, daß der Einzuweihende in einen totenähnlichen Zustand versetzt wurde, dann kann dieser Zustand, der sonst im gewöhnlichen Leben niemals eintrat, nur darin bestanden haben, daß man den Ka zwar teilweise aus dem Leibe herauszog, jedoch nicht ganz. Die Kunst bestand offenbar darin, das Herausheben des Ka so zu leiten, daß der Mensch dabei nicht starb.[153] Durch diese Prozedur, die tatsächlich auch in einem Sarge stattfand, konnte der Wiedererweckte einerseits wirklich den Einblick in nachtodliche Welten erhalten und doch andererseits noch unter den Lebenden weilen. Heutzutage kennen wir ähnliche Vorgänge nur noch von Ertrunkenen, die man wiederbelebt hat. Auch diese können sich an ihre Erlebnisse, die sie jenseits der Todesschwelle erfahren haben, erinnern, und sie berichten davon, allerdings ohne dadurch eine grundlegende Umwandlung vollzogen zu haben. In Ägypten dagegen sind die Erfahrungen, die man aus dem Jenseitsland herüberholen konnte, eindrücklich gewesen. Der Tod wurde von da an nicht mehr als Ende gesehen, sondern als Verwandlung in einen andersartigen Zustand, in dem man weiterlebte, jetzt im Innern der Welt, bis man wieder zur Oberwelt zurückfand. Der Eingeweihte, der dies durchlebt hatte, hätte dann wie Novalis sagen können:[154]

«Die Phantasie setzt die künftige Welt
entweder in die Höhe oder in die Tiefe,
oder in der Metempsychose, zu uns.

Wir träumen von Reisen durch das Weltall. –
Ist denn das Weltall nicht in uns?
Die Tiefen unseres Geistes kennen wir nicht. –

Nach innen geht der geheimnisvolle Weg.
In uns, oder nirgends ist die Ewigkeit mit ihren Welten –
die Vergangenheit und Zukunft.

Die Außenwelt ist die Schattenwelt –
Sie wirft ihren Schatten in das Lichtreich.

Jetzt scheints uns freilich innerlich so dunkel
einsam, gestaltlos –
Aber wie ganz anders wird es uns dünken –
wenn diese Verfinsterung vorbei, und der Schattenkörper hinweggerückt ist –
Wir werden mehr genießen als je,
denn unser Geist hat entbehrt.»

Die Folgen der Einweihung

Es ist hier nicht der Ort, die Folgen der Einweihung inhaltlich ausbreiten zu können. Das soll in einer späteren Schrift geschehen. Aber eines ist doch schon deutlich: Das Wissen vom nachtodlichen Leben und das Kennen der Wesen, die dort zu treffen sind, wird sicherlich die Gesinnung des Eingeweihten geprägt haben. Er weiß jetzt, auf was sich das Bild des Sonnenlaufes bezieht, er versteht das Bild des «Löwen», in dessen Innerem er weilte, und er wird deuten können, was der Sonnengott als Sphinx von Thutmosis IV. erwartete. Den Löwen vom Sande befreien sollte er, das heißt aufdecken den unterweltlichen Bereich des Sonnenlaufes, der ihm bis dahin noch verborgen war.

Der König hat durch seine Schulung Kenntnisse erworben, die ihn in die Lage versetzen sollten, sein Land tüchtig verwalten zu können. Das war selbstverständlich und hat allenthalben fast großartig funktioniert. Viel bedeutsamer ist indessen, daß auch die eigentliche Einweihung als «Krönung» heilsam verlief. Das war nur in den Blütezeiten der ägyptischen Kulturentwicklung der Fall und hat seit Echnaton allmählich seine Wirksamkeit eingebüßt. Seit dieser Zeit versuchte man durch Magie und Zauberei zu ersetzen, was auf ursprüngliche Art nicht mehr zu erreichen war.

Die Einweihung selbst war für den Eingeweihten das umwälzendste Ereignis seines Lebens. Dabei wurde nicht nur während der dreieinhalb Tage sein Wesensgliedergefüge verändert, sondern seither war in ihm ein anders geartetes Bewußtsein erweckt worden, das von dem umgewandelten Ka abhing. Ein typisches Phänomen dafür ist die neu aufgetretene Denkfähigkeit. In einem vorhergehenden Kapitel[155] hatten wir bereits ein Bild besprochen, welches Amun zeigt, der dem Horus des Königs Leben spendet. Dieser Horus und der zugehörige Name wird vom Ka getragen. Wenn dieser Ka mit Leben gestärkt wird, er also Überschußkräfte empfängt, dann kann der neu empfangene Teil zum freien Gestalten, zum Denken, verwendet werden. Zum Denken gehört ein freier Ätherleib, solange er gebunden ist vom physischen Leib, solange kann er sich nicht entfalten.

Zuzeiten ist es notwendig und sinnvoll, die geschichtliche Entwicklung der Menschheit zu verfolgen. Denn nur dadurch kann uns klarwerden, was sich im Laufe der Jahrtausende verändert hat und was heute unsere Aufgabe ist. Wir leben heute in einem Zeitalter, in dem das Denken als selbstverständliche Tatsache auftritt. Wir erstaunen, wenn wir erfahren, daß diese Fähigkeit in Ägypten normalerweise noch nirgends aufgetreten ist. Nur der

Pharao konnte sie durch die Einweihung erlangen. Was muß sich da nicht alles verändert haben!
In einem Vortrag, in dem Rudolf Steiner die alten Mysterienwege verfolgt,[156] spricht er von den Lehren, die den Schüler auf das vorirdische und nachirdische Leben des Menschen verwiesen. Ohne eine Erkenntnis auch dieser Gebiete wäre für sie der Mensch nicht vollständig verstanden worden. Der Neophyt lernte wissen: «Wenn du durch die Pforte des Todes getreten bist, dann erst wird der Zeitpunkt gekommen sein, in dem du nicht nur das Wesen der außermenschlichen Natur vor dir haben wirst, sondern in der du dein eigenes Wesen vor deiner Seele wirst auftreten schauen. Denn das war das Eigentümliche einer älteren Menschheitsentwicklung, daß der Mensch damals zwischen Geburt und Tod ausschließlich ein Bilderbewußtsein entwickelte, wie ich es öfters geschildert habe, noch nicht das intellektualistische Bewußtsein, das wir heute haben. Dieses intellektualistische Bewußtsein, das wir heute haben, das entwickelte der Mensch in jenen älteren Zeiten unmittelbar nach dem Tode. Und er behielt es dann nach dem Tode. Das ist das Eigentümliche im Fortschritt der Menschheitsentwicklung, daß … der Mensch einer älteren Zeit auf der Erde ein traumhaftes Bilderbewußtsein hatte, so wie wir heute schon im Erdenleben das intellektualistische Bewußtsein haben, und nach dem Tode hineinwuchs in das intellektuelle Leben, das ihm dann, wenn er körperbefreit war, die Freiheit gab. In älteren Zeiten wurde der Mensch nach dem Tode ein intellektualistisches und freies Wesen.
Und indem der Mysterienschüler eingeweiht wurde in diese Tatsache, konnte ihm klargemacht werden, auf Grundlage der damaligen Menschenerkenntis: Hier auf dieser Erde kannst du durch dein Bilderbewußtsein eine Erkenntnis gewinnen von dem Außermenschlichen. Aber indem du gemäß der Forderung ‹Erkenne dich selbst› auf dich zurückblickst, findest du dich mit deiner vollen Menschenwürde im irdischen Leben vor dem Tode eigentlich nicht. Du wirst ein voller Mensch erst, wenn du durch die

Pforte des Todes getreten bist. Dann wirst du das reine Denken in deinen Besitz bekommen können, dann wirst du mit dem reinen Denken ein freies Wesen werden können.» Noch bis in christliche Zeiten hinein «nannte man daher den Menschen, wie er auf Erden lebt, ... den natürlichen Menschen. Aber man war zu gleicher Zeit der Ansicht, dieser natürliche Mensch ist nicht der wahre Mensch, ist nicht der volle Mensch, trägt das volle Menschenwesen gar nicht in sich. Und man unterschied von diesem natürlichen Menschen den pneumatischen Menschen, den geistigen Menschen. Und man war der Ansicht, daß der Mensch erst, wenn er nach Ablegen des physischen Leibes mit Durchschreiten der Todespforte pneumatischer Mensch geworden ist, er als ein solcher pneumatischer Mensch voller Mensch sein kann.»

Dergleichen Vorstellungen werden in Ägypten voll bestätigt. Der normale Mensch, so hörten wir,[157] wird dort erst nach dem Tode geistig voll entwickelt sein, wenn sich sein Ba in einen Ach verwandelt hat, und der König als Eingeweihter erlangt gewiß deshalb die intellektuellen Fähigkeiten, weil er schon im Leben die Grenze zum Totenreich überschritten hat. Auch die göttliche Welt ist ihm seitdem bekannt und niemals bloß ein Gegenstand des Glaubens. Von seiner eigenen Göttlichkeit ist er überzeugt, doch gleichermaßen auch von seinem unvollkommenen irdischen Leben. Er steht im Dienste des Sonnengottes und regiert in dessen Auftrag, und was ihm hier gelingt, das verdankt er nicht nur seiner eigenen Person, sondern dem göttlichen Vater, der durch ihn wirkt.

Uns Heutigen scheint eine solche Weltansicht so fern zu sein, daß wir uns kaum vorstellen können, daß sie ehrlich erfahren ist. Noch immer sind die Abhandlungen vieler Wissenschaftler voll von Verdächtigungen, statt daß die Bildersprache entziffert wird. Der Pharao erlebte wahrhaft die Götter, und was er sagte, ist nirgends «Maske und Kostüm»[158], oder der «Spielwelt»[159] zugehörig, sondern seine Quellen waren echt und unerschöpflich, nur uns sind sie nicht mehr erreichbar. Das sollte man zugestehen und auch, daß es an der Zeit ist, die geistige Welt wieder ernstzunehmen statt sie nur immer abzuleugnen. Die Dokumente jedenfalls sprechen gegen derartige Interpretationen. Die Weltansichten wandeln sich schneller als ihre Verfechter wahrhaben wollen, und was wahr ist, kam noch immer ans Licht. Das schöne Rilke-Wort spendet hier Trost:

«Wandelt sich rasch auch die Welt
wie Wolkengestalten
Alles Vollendete fällt
heim zum Uralten.»

Als Eckermann zum letzten Mal Goethe besuchte,[161] da sprach er mit ihm über ein ähnliches Thema. Es lag ihm am Herzen, weil er aus gegebenem Anlaß annehmen mußte, daß selbst die Kirche nicht mehr wußte, wie sie mit geoffenbarten Schriften umzugehen hat. Goethe sprach zu ihm von zwei Standpunkten, von welchen aus man die biblischen Dinge betrachten könne. «Es gibt den Standpunkt einer Art Urreligion, den der reinen Natur und Vernunft, welcher göttlicher Abkunft. Dieser wird ewig derselbige bleiben und wird dauern und gelten, solange gottbegabte Wesen vorhanden. Doch ist er nur für Auserwählte und viel zu hoch und edel, um allgemein zu werden.» Der andere Standpunkt dagegen ist «mehr menschlicher Art. Er ist gebrechlich, wandelbar und im Wandel begriffen; doch auch er wird in ewiger Umwandlung dauern, solange schwache menschliche Wesen sein werden. Das Licht ungetrübter göttlicher Offenbarung ist viel zu rein und glänzend, als daß es den armen gar schwachen Menschen gemäß und erträglich wäre.» … «Wenn man die Leute reden hört», sagte Goethe in diesem Gespräch, «so sollte man fast glauben, sie seien der Meinung, Gott habe sich seit jener alten Zeit ganz in die Stille zurückgezogen, und der Mensch wäre jetzt ganz auf eigene Füße gestellt und müsse sehen, wie er ohne Gott und sein tägliches unsichtbares Anhauchen zurechtkomme. In religiösen und moralischen Dingen gibt man noch allenfalls eine göttliche Einwirkung zu, allein in Dingen der Wissenschaft und Künste glaubt man, es sei lauter Irdisches und nichts weiter als ein Produkt rein menschlicher Kräfte.» Nachdem das Gespräch auf gottbegabte Künstler übergegangen war, welche die gewöhnliche Menschennatur weit überragten, setzt Goethe fort: «Und überall, was ist es und was soll es? – Gott hat sich nach den bekannten imaginierten sechs Schöpfungstagen keineswegs zur Ruhe begeben, vielmehr ist er noch fortwährend wirksam, wie am ersten. Diese plumpe Welt aus einfachen Elementen zusammenzusetzen und sie jahraus, jahrein in den Strahlen der Sonne rollen zu lassen, hätte ihm sicher wenig Spaß gemacht, wenn er nicht den Plan gehabt hätte, sich auf dieser materiellen Unterlage eine Pflanzschule für eine Welt von Geistern zu gründen. So ist er nun fortwährend in höheren Naturen wirksam, um die geringeren heranzuziehen.» Dieser Zusammenhang ist in allen Kulturen wirksam. Inbesondere gilt er für das alte Ägypten, in dem er in Reinheit zu studieren ist.

NACHWORT

Wir sind in dieser Abhandlung ausgegangen von der Beobachtung der Seeleneigentümlichkeiten des gegenwärtigen Menschen. Dieser hat durchaus kein einheitliches Seelenleben, sondern eines, das höchst differenziert ist. I.H.Fichte hatte es als erster unternommen, die verschiedenen Schichten zu trennen und diese nicht nur in ihren Eigenschaften zu charakterisieren, sondern auch in ihrer Entwicklung. Rudolf Steiner griff diese Gliederung auf, gestaltete sie weiter aus und benannte die beobachteten Zusammenhänge. So gab er, wie oben ausgeführt, der untersten Stufe unseres gewöhnlichen Seelenlebens den Namen «Empfindungsseele», weil in dieser die sinnliche Welt bemerkt und darauf mit einer Empfindung geantwortet wird. Die höheren Seelenglieder, die «Verstandes-» und die «Bewußtseinsseele», können erst auf der Grundlage jener ihre Tätigkeit entfalten. Sie ist also nicht unbedingt als «niedere» Fähigkeit einzustufen, sondern als ein Organ, das im Organismus des Seelenlebens eine wichtige Stellung einnimmt.

Wenn wir hier zum Schluß die Grundeigentümlichkeiten der Empfindungsseele, wie wir sie an der ägyptischen Kultur abgelesen haben, nochmals zusammenzufassen versuchen, dann läßt sich als Hauptmerkmal ihre Reaktion von innen auf die äußeren sinnlichen Eindrücke hervorheben. Man müßte sich einen Menschen vorstellen, der von allen Seiten Eindrücke empfängt und auf diese mit seinen Empfindungen antwortet. Die Eindrücke werden aber niemals rein als solche aufgenommen, sondern sie werden sofort von schon vorgeprägten Antworten durchsetzt, die der Mensch von klein auf gelernt und an die er sich gewöhnt hat.

Ob diese Antworten richtig sind, wird nicht erfragt, es genügt, wenn sie auf eine Autorität, und sei es auch nur die bewährte Tradition, zurückgeführt werden können. Ein eigenes Denken mischt sich nicht in diesen Vorgang ein; wenn es auftreten würde, würde es notwendigerweise den Zusammenhang nur stören. Demnach muß sich das ganze Verhalten des Menschen an den herrschenden Gewohnheiten ausrichten und kann noch nicht zu einer individuellen Lebensgestaltung führen.

An die Empfindungen schließen sich Gefühle der Lust und Unlust an, allerdings auch wieder nur in gewohnter Art und Weise. Sie müssen jedoch berücksichtigt werden, denn davon hängt die Stimmung einer Kultur ab. Was in ihr am höchsten geschätzt wird und also besondere Gefühle auslöst, wird nicht von der Sache allein bestimmt, um die es geht, sondern auch von der vorgegebenen Bewertung. Ehe selbständig geurteilt werden kann, ist eine ehrfürchtige und hingebungsvolle Aufnahme der Erscheinungen die beste Voraussetzung.

Eine Kultur, die allein auf der Empfindungsseele beruht, braucht Führung, ohne solche würde sie entweder im Chaos oder in der Erstarrung enden. Ägypten hatte das Glück, über Jahrtausende hinweg von Menschen geleitet zu werden, die sich selbst leiten konnten und Selbstlosigkeit genug aufbrachten, ihrem Lande zu dienen, gemäß den Anweisungen, die sie aus göttlichen Welten empfingen. Daß dies überhaupt möglich war, ist nur denkbar, wenn wir das Wirken von Mysterienstätten voraussetzen.

Wer sich die Mühe macht, die Empfindungsseele nach allen Seiten hin zu durchdenken, der könnte aus der Kenntnis ihrer Eigenschaften heraus ihr Wirken in der Welt vorhersagen. Man könnte auch unter der Annahme, daß die übrigen Seelenglieder noch nicht wirksam geworden wären, eine Kultur «konstruieren» und diese bis in die einzelnen Lebensumstände hinein entwerfen. Zunächst scheint uns zwar eine Kultur, in der es noch kein Denken gibt, nicht leicht vorstellbar, wenn man aber davon ausgeht, daß Fertigkeiten sich durch Nachahmung übertragen lassen, dann ist man zuletzt doch überrascht, wie gut die erdachten Tatsachen mit den ägyptischen Phänomenen übereinstimmen. Der Autor hat dieses «Spiel» viele Male mit Kursteilnehmern ausprobiert und war jedesmal wieder erstaunt, wie präzise die Aussagen zutrafen. Dergleichen Seelenbeobachtungen führen immer zu einem doppelten Ergebnis: Erstens eröffnet man sich ein Organ zum besseren Verständnis der ägyptischen Kultur, und zweitens entdeckt man auch den Ägypter in sich. Was in Ägypten mit einer gewissen Ausschließlichkeit, das heißt als reines Phänomen auftrat, lebt auch in uns, als Grundschicht unseres heutigen Bewußtseins. Ob die berühmt-berüchtigte schwäbische «Kehrwoche» uns in ihren Dienst zwingt («das haben wir schon immer so gemacht») oder der Schilderwald der Verkehrszeichen unser obrigkeitshöriges Verhalten fordert oder die Auslagen des Winterschlußverkaufes unsere Wünsche wecken, immer antwortet die Empfindungsseele auf die empfangenen Reize.

Ist der Sinn für die Empfindungsseele einmal erweckt, dann wird man überall auf sie aufmerksam. Besonders in fremden Kulturen tritt sie mitunter in schöner Reinheit auf. Denn es ist keineswegs so, daß in allen Ländern der Erde ein gleicher Bewußtseinszustand vorherrscht, etwa der, den wir als Europäer haben. Auch bei uns ist die Lage nicht eindeutig, allenthalben tauchen Inseln alter Bewußtseinsformen auf, zuweilen mischen sie sich mit intellektuellen Verknüpfungen, und nur höchst selten wird das Geflecht völlig durchschaut. Vergegenwärtigen wir uns diese Situation, dann ergeben sich ganz neue Perspektiven. Entwicklungshilfe dürfte dann gar nicht mehr geleistet werden ohne genaue Kenntnis der Bewußtseinslage der Menschen, die sie empfangen sollen. Wenn dies nicht der Fall ist, braucht man sich nicht zu wundern, warum so viele Projekte scheitern! Wird sie berücksichtigt, dann ist allerdings Phantasie nötig, um durch Lehren und Nachahmen so viel Sicherheit in der Ausführung bestimmter Handlungen zu erreichen, daß sich die Fertigkeiten unter Aufsicht weitertradieren lassen. Die völlig verzweifelte Lage mancher Entwicklungshelfer wäre zu vermeiden, wenn man von vornherein wüßte, welche seelische Lage zu erwarten ist und wie man sich darauf einzustellen hat. Sonst kommt man mit ungerechtfertigten Erwartungen zu den Menschen, die gar nicht verstehen können, was man von ihnen will, weil sie in einem anderen Bewußtseinszustand leben. Dies ist keine Wertung, sondern eine Tatsache, die aus vielfältiger, auch eigener Erfahrung bestätigt werden kann. Inwiefern ein anderes Schulsystem und eine andere häusliche Erziehung in solchen Ländern diesen Zustand ändern könnten, steht hier nicht zur Diskussion.

Nachdem wir hiermit die Kultur der Empfindungsseele, oder besser *eine* Kultur der Empfindungsseele betrachtet haben – denn es gibt selbstverständlich auch ganz andere Kulturen, die nach demselben Prinzip aufgebaut sind (z.B. die Inkakultur in Peru) –, hätten wir nun die Aufgabe, auch die anderen historischen Entwicklungsstufen des Seelenlebens genauer anzuschauen. Dies soll in der Fortführung der Reihe «Beiträge zur Bewußtseinsgeschichte» geschehen.

ZEITTAFEL

Frühzeit	um 3000-2705 v.Chr.
1. und 2. Dynastie	
Altes Reich	um 2705-2180
3.Dynastie (Djoser)	2705-2640
4.Dynastie (Cheops, Chephren)	2640-2520
5.Dynastie	2520-2360
6.Dynastie	2360-2195
Erste Zwischenzeit	2180-1987
Mittleres Reich	1987-1640
11.Dynastie (Mentuhotep)	1987-1938
12.Dynastie (Amenemhet, Sesostris)	1938-1759
Zweite Zwischenzeit	1640-1530
Neues Reich	1540-1075
18.Dynastie	1540-1292
Hatschepsut	1479-1458
Thutmosis III.	1479-1426
Amenophis III.	1390-1353
Amenophis IV./Echnaton	1353-1336
Tutanchamun	1332-1323
19.Dynastie	1292-1190
Sethos I.	1291-1279
Ramses II.	1279-1213
20. Dynastie	1190-1075
Dritte Zwischenzeit	1075- 664
Spätzeit	664- 332

LITERATURHINWEISE

Übersetzungen ägyptischer Texte:

JAN ASSMANN, *Ägyptische Hymnen und Gebete*, Zürich und München 1975.

JAN ASSMANN, *Sonnenhymnen in thebanischen Gräbern*, Mainz 1983.

HELLMUT BRUNNER, *Altägyptische Weisheit*, Zürich und München 1988.

ERIK HORNUNG, *Altägyptische Unterweltsbücher*, Zürich und München 1972.

ERIK HORNUNG, *Das Totenbuch der Ägypter*, Zürich und München 1990.

MIRIAM LICHTHEIM, *Ancient Egyptian Literature*, vol. 1 - 3, Berkeley and London 1973 - 1980.

ANMERKUNGEN

1 Übersetzt von E. Hornung, aus: *Ägyptische Unterweltsbücher,* Zürich 1972, S. 193.

2 Vgl. dazu: JAN ASSMANN, *Re und Amun,* Freiburg und Göttingen 1983, 1. Kapitel.

3 Tim. 22 b.

4 ADOLF ERMAN, *Die Religion der Ägypter,* Berlin 1934, S. 231.

5 op.cit. S. 232.

6 op.cit. S. 236.

7 EBERHARD OTTO, *Wesen und Wandel der ägyptischen Kultur,* Berlin, Heidelberg, New York 1969, S. 18.

8 Vgl. z.B. WALTHER WOLF, *Die Kunst Ägyptens,* Stuttgart 1957.

9 Vgl. F. TEICHMANN, Die Entstehung des Entwicklungsgedankens in der Goethezeit, S. 11 – 26, in: *Entwicklung,* hrsg. v. H. Arnold, Stuttgart 1989.

10 I.H.FICHTE, *Grundzüge zum Systeme der Philosophie,* Band 1: Das Erkennen als Selbsterkennen, Heidelberg 1833, § 161.

11 op.cit. S. IX.

12 RUDOLF STEINER, *Theosophie,* (1904), Gesamtausgabe Bibl. Nr. 9, S. 40.

13 HERMANN JUNKER, *Die Geisteshaltung der Ägypter in der Frühzeit.* Wien 1961, S. 22.

14 op.cit. S. 36.

15 op.cit. S. 49.

16 EBERHARD OTTO, *Wesen und Wandel der ägyptischen Kultur;* Berlin, Heidelberg, New York 1969, S. 30 f.

17 DIETRICH WILDUNG, *Ägypten vor den Pyramiden,* Mainz 1981, S. 39 ff..

18 Wolfgang Schenkel, Wozu die Ägypter die Schrift brauchten, in: *Schrift und Gedächtnis,* Hg. von J. Assmann, München 1983, S. 45 – 63 .

19 op.cit. S. 25.

20 Jan Assmann: Stein und Zeit, in: *Kultur und Gedächtnis,* Hg. von J. Assmann und T. Hölscher, Frankfurt 1988. S. 104 ff.

21 Alle Lebenslehren werden hier nach der vollständigen Ausgabe von Hellmut Brunner zitiert: *Altägyptische Weisheit, Lehren für das Leben,* Zürich und München 1988, S. 111 ff.

22 teilweise übersetzt von Erik Hornung, in: *Meisterwerke altägyptischer Dichtung,* Zürich und München 1978. S. 46 ff.

23 H. Brunner, op. cit. S. 76.

24 op.cit. S. 93.

25 op.cit. S. 135.

26 op.cit. S. 205.

27 op.cit. S. 13 ff.

28 op.cit. S. 144, aus der Lehre für König Merikare, 82.

29 op.cit. S. 145, aus der Lehre für König Merikare, 106 – 115.

30 übersetzt von Erik Hornung, *das Totenbuch der Ägypter,* Zürich und München 1979, S. 233 ff.

31 von Elmar Edel, in: *Mitteilungen des Deutschen Instituts für ägyptische Altertumskunde in Kairo,* Band 19, Heft 1, Berlin 1944.

32 Vgl. den Artikel «Menschenbild» im «Lexikon der Ägyptologie» Bd. IV, Wiesbaden 1982, Sp. 55 – 64.

33 *Totenbuch,* Spruch 125, 123 – 131, übers. v. E.Hornung, op. cit. S. 240.

34 in dem Aufsatz: Schrift, Tod und Identität, in: *Schrift und Gedächtnis,* Hg. von A. und J. Assmann, München 1983, S. 73.

35 op.cit. S. 77, aus der Grabinschrift des Weni.

36 vgl. op.cit. S. 87.

37 übersetzt von Elmar Edel, in: *Textbuch zur Geschichte Israels,* Tübingen 1968, S. 6.

38 Jan Assmann, *Sonnenhymnen in Thebanischen Gräbern,* Mainz 1983, S. XI.

39 aus: *Schrift und Gedächtnis,* op.cit. S. 75, Inschrift des Weni.
40 Vgl. E. Hornung, *Geist der Pharaonenzeit,* Zürich und München 1989, S. 81 ff.
41 Vgl. Erik Iversen, *Canon and Proportions in Egyptian Art.* Warminster 1975, p. 60 ff.
42 E. Hornung, *Geist der Pharaonenzeit.* Zürich und München 1989, S. 12.
43 H. Brunner, *Altägyptische Erziehung.* Wiesbaden 1957, S. 66 ff.
44 op.cit. S. 154 Qu. V.
45 op.cit. S. 161 Qu. XVII.
46 siehe oben S. 18.
47 aus der Kurzfassung des Amduat, E. Hornung, *Das Amduat,* Bd. 3. Wiesbaden 1967.
48 aus E. Hornung, Die Tragweite der Bilder, Altägyptische Bildaussagen. In: *Eranos-Jahrbuch* 1979, Frankfurt/M. 1981, S. 183 ff.
49 Vgl. Hellmut Brunner, Illustrierte Bücher im alten Ägypten, S. 201 ff. in: *Wort und Bild,* hg. von H. Brunner, R. Kannicht, K. Schwager, München 1977.
50 Vgl. Jan Assmann, ‹*Re und Amun*› Freiburg und Göttingen 1987, S.24 ff.
51 Herodot, *Historien II,* 84.
52 Papyrus, Edwin Smith, übersetzt und hg. von W. Westendorf, Bern und Stuttgart 1966.
53 Vgl. W. Wolf, *Die Bewaffnung des altägyptischen Heeres,* Leipzig 1926.
54 Vgl. z.B. A.B. Chace, *The Rhind mathematical Papyrus,* 1927.
55 Vgl. H. Brunner, *Altägyptische Erziehung,* Wiesbaden 1957, S. 70.
56 op.cit. S. 144.
57 *Urkunden der 18. Dynastie,* IV, 363 übers. v. I. Müller, Berlin 1984, S. 32 ff.
58 Vgl. Erik Hornung, *Pharao Ludens,* S. 479 ff., in Eranos 1982, Frankfurt/M. 1989, S. 503.
59 Übersetzt von H.A. Schlögl, in: *Echnaton – Tutanchamun, Fakten und Texte,* Wiesbaden 1983, S. 86.

60 Vgl. A. MORET, *Le rituel du culte divin journalier en Égypte,* Paris 1902, p. 42.

61 Übersetzt von H. Brunner, in: *Religionsgeschichtliches Textbuch zum Alten Testament.* Hg. v. W. Beyerlin, Göttingen 1975, S. 55.

62 Übersetzt von J. Assmann, in: *Theologie und Frömmigkeit,* Stuttgart 1984. S. 226.

63 Übersetzt von S. Schott, in: W. WOLF, *Das alte Ägypten,* dtv, München 1971, S. 205 ff.

64 Vgl. die ausführliche Darstellung dieses Phänomens bei E. HORNUNG: Von zweierlei Grenzen im alten Ägypten, S. 393 – 427, in: *Eranos* 1980, Bd.49, Frankfurt/M. 1981.

65 *Urkunden der 18. Dynastie,* IV, 350, übersetzt von I. Müller, Berlin 1984, S. 27.

66 op. cit. S. 29.

67 op. cit. S. 236, Thutmosis III. in der Bauinschrift für den Ptahtempel.

67a Vgl. ERIK HORNUNG: *Tal der Könige,* Zürich und München 1982. S. 31 ff.

68 Siehe hierzu den Aufsatz von Jan Assmann, *Die Gestalt der Zeit in der ägyptischen Kunst.* S. 11 – 32, in: *5000 Jahre Ägypten,* hg. v. J. Assmann und G. Burkard, Heidelberg 1983.

69 Vgl. Anm. 64, S. 426.

70 *Urkunden der 18. Dynastie,* übers. v. W. Helck, Berlin 1961, S. 143, Urk. IV, 1543.

71 *Sargtexte,* CT I, 362 a.

72 *Ägyptische Hymnen und Gebete* (=ÄHG) 78.

73 ÄHG 20, Hymnus Amenophis III.

74 Gespräch mit Eckermann am 2.5.1824.

75 ÄHG Nr. 201, Hymnus an Re und Hathor aus der Zeit um 2000 v. Chr.

76 Übersetzt von E. Hornung, in: *Geist der Pharaonenzeit,* Zürich und München 1989, S. 111 ff. Der vollständige Text bei Roeder, *Kulte und Orakel im alten Ägypten,* Zürich/München 1960, S. 37 ff.

77 Urk. IV, 554.

78 Gesetze, 656 D - 657 A, übersetzt von R. Rufener.

79 in: Handeln und Wissen in primären Hochkulturen: das Beispiel Ägyptens. S. 38 – 53 in: *Pragmatik,* hrsg. von H. Stachowiak, Hamburg 1986.

80 Ausführliche Literaturnachweise in D. WILDUNG, *Imhotep und Amenhotep,* München und Berlin 1977, MÄS 36.

81 Abgebildet in H. BRUNNER, *Altägyptische Weisheit,* S. 66/7.

82 E. OTTO, *Wesen und Wandel ägyptischer Kultur,* Berlin – Heidelberg – New York 1969, S. 31.

83 Aus dem Grabe des Cheriuf, Theben Nr. 192, Urk. IV, 1859, Zeit Amenophis III., sehr ähnlich auch Urk. IV, 1880.

84 Aus dem Grabe des Men-cheper-Re-seneb, Theben Nr. 86, Urk. IV, 932, Zeit Thutmosis III.

85 Auf dem Rückenpfeiler einer Grabstatue Cheriufs, Urk. IV, 1876.

86 z.B. Urk. IV, 1579.

87 Aus dem Grab Rechmires, Theben Nr. 100, Urk. IV, 1074.

88 Urk. IV, 1087 – 93, übersetzt von U. Luft.

89 Übersetzt von H. Brunner, in: *Altägyptische Erziehung,* Wiesbaden 1957, S. 167/8.

90 Übers. von H.A. Schlögl, in: *Echnaton – Tutanchamun,* Wiesbaden 1983, S. 82.

91 op. cit. S. 83.

92 Vgl. K. VOGEL, *Vorgriechische Mathematik I,* Hannover und Paderborn 1958.

93 E. OTTO, *Wesen und Wandel der ägyptischen Kultur.* Berlin – Heidelberg – New York 1969, S. 17/18.

94 Aus dem 17. Kap. des Totenbuches. Übersetzt von E. Hornung.

95 Das 17. Kapitel des Totenbuches geht in seiner Formulierung auf das Mittlere Reich zurück, in seinem Inhalt stammt es zum Teil aus den Pyramidentexten.

96 Übersetzt von E. Hornung, in: *Ägyptische Unterweltsbücher,* Zürich und München 1972, S. 59 und 193.

97 Übersetzt von J. Assmann, in: ÄHG, Nr. 20.

98 In: *Mitteilungen der Deutschen Orient-Gesellschaft,* Nr. 96, Berlin 1965, S. 5 – 40.

99 Übersetzt von Jan Assmann in: *Ägyptische Hymnen und Gebete,* Zürich und München 1975, Nr. 125.

100 Vgl. S. 47.

101 Aus der Lehre für König Merikare, übersetzt von H. Brunner, in: *Altägyptische Weisheit,* Zürich und München 1988, S. 142.

102 *Ägyptische Hymnen und Gebete,* übersetzt von Jan Assmann, Zürich und München 1975, Nr. 26.

103 Jetzt ausführlich dargelegt in: *Frühformen des Erkennens,* Darmstadt 1990.

104 Vgl. S. 18.

105 ERIK HORNUNG, in: Handeln und Wissen in primären Hochkulturen: Das Beispiel Altägyptens. S. 40 in: *Pragmatik,* hrg. v. H. Stachowiak, Hamburg 1986.

106 Erik Hornung, Pharao Ludens, in: *Eranos* 1982, Frankfurt/M. 1983.

107 Aus der Prophezeiung des Neferti, 68 – 69, vgl. dazu ERIK HORNUNG, *Geschichte als Fest,* Darmstadt 1966, S. 64 f. Dazu auch E. HORNUNG, Zum altägyptischen Geschichtsbewußtsein, S. 13 – 30, in: *Archäologie und Geschichtsbewußtsein,* München 1982.

108 Zitiert aus W. GUGLIELMI, *Reden Rufe und Lieder auf altägyptischen Darstellungen,* Bonn 1973, S. 215, nach Urk. IV, 1044.

109 Urk. IV, 405.

110 Urk. IV, 405, übersetzt von Adelheid Burkhardt.

111 Urk. IV, 454.

112 Urk. IV, 928.

113 Vgl. den Aufsatz: Viel Stil am Nil? in: *Stil.* Geschichten und Funktionen eines kulturwissenschaftlichen Diskurselements. Hg. von H.U.Gumbrecht / K.L.Pfeiffer. Frankfurt 1986. S. 518 – 536.

114 Vgl. Jan Assmann, Stein und Zeit, in: *Kultur und Gedächtnis,* hg. von J. Assmann und T. Hölscher, Frankfurt/M. 1988, S. 87 - 114.

115 Aus einer Steleninschrift des MR. Komplette Übersetzung in:

MIRIAM LICHTHEIM, *Ancient Egyptian Autobiographies,* Freiburg und Göttingen 1988, OBO 84, S. 71 f.

116 Aus der Geschichte vom Schiffbrüchigen, übersetzt von E. Brunner-Traut, in: *Altägyptische Märchen,* München 1989, S. 34 ff.

117 Alle folgenden Zitate aus: W. MÜLLER, *Indianische Welterfahrung,* Stuttgart 1976, S. 16 ff.

118 Aus: L. BORCHARDT, *Altägyptische Zeitmessung.* Berlin und Leipzig 1920, S. 61.

119 ERIK HORNUNG, Pharao ludens, in: *Eranos* 1982, Frankfurt/M. 1983, S. 516.

120 M.A.BONHÊME / A. FORGEAU: *Pharao, Sohn der Sonne,* Zürich und München 1989.

121 Vgl. S. 123ff.

122 Vgl. W. BURKERT, *Antike Mysterien,* München 1990, S.15, 75ff.

122a Urk. IV, 157, übersetzt von K. Sethe.

123 Urk. IV, 1540. Aufgeschrieben auf der sog. Sphinxstele, die heute noch zwischen den Pranken des großen Sphinx von Giseh steht.

124 ÄHG, Nr. 20.

125: Vgl. HELLMUT BRUNNER, *Die Geburt des Gottkönigs,* Wiesbaden 1964.

126 Vgl. Lukas 3,22.

127 Hierzu ausführlich: J. ASSMANN, *Re und Amun,* Freiburg / Göttingen 1983, OBO 51, S. 22 ff.

128 Vgl. S. 128.

129 Aus dem Schlußtitel des Amduat, vgl. E. HORNUNG, *Ägyptische Unterweltsbücher,* Zürich / München 1972, S. 194.

130 Vgl. S. 85ff.

131 PLOTIN, *Über die geistige Schönheit;* V 8,6.

132 Übersetzt von E. Hornung in: *Ägyptische Unterweltsbücher,* Zürich / München 1972, S. 59 ff.

133 APULEIUS, *der goldene Esel,* XI, 23.

134 Spruch 15 III B, übersetzt von J. Assmann, in: *Liturgische Lieder an den Sonnengott,* Berlin 1969, S. 28.

135 In dem Aufsatz: Isis und die ägyptischen Mysterien, S. 93 – 115,

in: *Aspekte der spätägyptischen Religion,* hg. von W. Westendorf, Wiesbaden 1979.

136 Vgl. S. 120f.

137 Vgl. S. 118ff.

138 aus E. Hornung, *Geist der Pharaonenzeit,* Zürich / München 1989, S. 112.

139 aus J. Assmann, *Ägypten, Theologie und Frömmigkeit,* Stuttgart 1984, S. 83.

140 op. cit. S. 186 f.

141 Vgl. Jan Assmann, Tod und Initiation im altägyptischen Totenglauben, S. 336 – 359, in: *Sehnsucht nach dem Ursprung,* hg. von H.P. Duerr, Frankfurt/M. 1983.

142 Vgl. S. 176.

143 übersetzt von E. Edel, in: *Textbuch zur Geschichte Israels,* hg. von K. Galling, Tübingen 1968, S. 1.

144 aus der Sonnenlitanei, übersetzt von J. Assmann, in: *Re und Amun,* Freiburg / Göttingen 1983, OBO 51, S. 32.

145 aus der Zeit Ramses II., übersetzt von J. Assmann, in: *Funktionen und Leistungen des Mythos,* Freiburg / Göttingen 1982, OBO 48, S. 35.

146 Urk. IV, 239 – 240, übersetzt von J. Assmann, op. cit. S. 37.

147 Vgl. Karl Kerényi, *die Mysterien von Eleusis,* Zürich 1962.

148 *Vorlesungen über Philosophie,* Bern 1835, S. 1.

149 Vgl. W. Westendorf, Beiträge aus und zu den medizinischen Texten, in: ZÄS 96/1970, S. 149.

150 CT II, 54.

151 Vortrag vom 22. Mai 1908, in GA 103, Das Johannes Evangelium.

152 Vgl. S. 113ff.

153 Vgl. Vortrag vom 19. Juni 1908, in Gesamtausgabe Bibl.Nr. 104, Die Apokalypse des Johannes.

154 Vermischte Bemerkungen (= Blütenstaub), 17.

155 Vgl. S. 124f.

156 Vortrag vom 2.2.1923, in Gesamtausgabe Bibl.Nr. 221, Erdenwissen und Himmelserkenntnis.

157 Vgl. S. 117.

158 W. Barta, *Untersuchungen zur Göttlichkeit des regierenden Königs,* München 1975, MÄS 32, S. 61.

159 Op. cit. S. 139.

160 aus: Sonette an Orpheus XIX.

161 am 11. März 1832.

Beiträge zur Bewußtseinsgeschichte
herausgegeben für das Friedrich-von-Hardenberg-Institut
von Karl-Martin Dietz

KARL-MARTIN DIETZ

Die Suche nach Wirklichkeit

Bewußtseinsfragen am Ende des 20. Jahrhunderts
235 Seiten, gebunden.

KARL-MARTIN DIETZ

Metamorphosen des Geistes

Band 1: Prometheus - vom göttlichen zum menschlichen Wissen
246 Seiten, Leinen.
Band 2: Das Erwachen des europäischen Denkens
245 Seiten, Leinen.
Band 3: Vom Logos zur Logik
193 Seiten mit 5 Abbildungen, Leinen.

FRANK TEICHMANN

Die Kultur der Empfindungsseele

Ägypten - Texte und Bilder
220 Seiten mit 32 Abbildungen, gebunden.

ÜBERSETZUNGEN VON WERKEN DES THOMAS VON AQUIN

Herausgegeben vom Friedrich-von-Hardenberg-Institut, in Zusammenarbeit mit der Freien Hochschule für Geisteswissenschaft, Goetheanum

Der Prolog des Johannes-Evangeliums

Super evangelium S. Joannis

Übersetzung, Einführung und Erläuterungen von Wolf-Ulrich Klünker. 206 Seiten, Leinen

Über die Einheit des Geistes

De unitate intellectus

Übersetzung, Einführung und Erläuterungen von Wolf-Ulrich Klünker. 186 Seiten, Leinen

Über die Trinität

De trinitate

Übersetzung und Erläuterungen von Hans Lentz. Mit einer Einführung von Wolf-Ulrich Klünker. 302 Seiten, Leinen

Vom Wesen der Engel

De substantiis separatis

Übersetzung, Einführung und Erläuterungen von Wolf-Ulrich Klünker. 176 Seiten, Leinen.

EDITION HARDENBERG
IM
VERLAG FREIES GEISTESLEBEN